DISCLAIMER

The author and publisher are providing this book and its contents on an "as is" basis and make no representations or warranties of any kind with respect to this book or its contents. The author and publisher disclaim all such representations and warranties, including but not limited to warranties of merchantability. In addition, the author and publisher do not represent or warrant that the information accessible via this book is accurate, complete, or current.

Except as specifically stated in this book, neither the author nor publisher, nor any authors, contributors, or other representatives will be liable for damages arising out of or in connection with the use of this book. This is a comprehensive limitation of liability that applies to all damages of any kind, including (without limitation) compensatory; direct, indirect, or consequential damages; loss of data, income, or profit; loss of or damage to property; and claims of third parties.

This Book Comes With Free Bonus Puzzles
Available Here:

BestActivityBooks.com/WSBONUS20

5 TIPS TO START!

1) HOW TO SOLVE

The Puzzles are in a Classic Format:

- Words are hidden without breaks (no spaces, dashes, ...)
- Orientation: Forward & Backward, Up & Down or in Diagonal (can be in both directions)
- Words can overlap or cross each other

2) ACTIVE LEARNING

To encourage learning actively, a space is provided next to each word to write down the translation. The **DICTIONARY** allows you to verify and expand your knowledge. You can look up and write down each translation, find the words in the Puzzle then add them to your vocabulary!

3) TAG YOUR WORDS

Have you tried using a tag system? For example, you could mark the words which have been difficult to find with a cross, the ones you loved with a star, new words with a triangle, rare words with a diamond and so on...

4) ORGANIZE YOUR LEARNING

We also offer a convenient **NOTEBOOK** at the end of this edition. Whether on vacation, travelling or at home, you can easily organize your new knowledge without needing a second notebook!

5) FINISHED?

Go to the bonus section: **MONSTER CHALLENGE** to find a free game offered at the end of this edition!

Want more fun and learning activities? It's **Fast and Simple!**
An entire Game Book Collection just **one click away!**

Find your next challenge at:

BestActivityBooks.com/MyNextWordSearch

Ready, Set... Go!

Did you know there are around 7,000 different languages in the world? Words are precious.

We love languages and have been working hard to make the highest quality books for you. Our ingredients?

A selection of indispensable learning themes, three big slices of fun, then we add a spoonful of difficult words and a pinch of rare ones. We serve them up with care and a maximum of delight so you can solve the best word games and have fun learning!

Your feedback is essential. You can be an active participant in the success of this book by leaving us a review. Tell us what you liked most in this edition!

Here is a short link which will take you to your order page.

BestBooksActivity.com/Review50

Thanks for your help and enjoy the Game!

Linguas Classics Team

1 - Antiques

स	प	ई	प	ई	य	भ	भ	ह	थ	न	द	स	ढ
च	◌ु	य	न	◌्	म	◌ा	◌ा	स	अ	ढ	य	ज	ए
व	र	म	त	घ	र	च	न	◌ि	◌्	र	फ	◌ा	व
ष	◌ा	न	ह	ग	◌ी	◌ा	ख	ह	ए	उ	ए	व	श
घ	न	◌ी	◌ा	ग	ल	छ	म	त	य	ए	ण	ट	ठ
ष	◌ो	ए	उ	द	य	त	ञ	◌ा	द	ञ	घ	◌ी	फ
श	छ	प	इ	म	◌ा	न	:	ञ	ण	प	प	ङ	छ
छ	छ	र	त	स	◌्	ण	◌ु	ग	ह	◌ि	उ	फ	इ
ल	◌ि	ल	◌ा	म	ग	उ	फ	अ	फ	प	क	श	द
प	◌ु	न	र	◌्	स	◌्	थ	◌ा	प	न	◌ा	श	क
इ	इ	ष	ङ	श	त	◌ा	ब	◌्	द	◌ी	क	ञ	ल
म	◌ू	र	◌्	त	◌ि	क	ल	◌ा	छ	ष	◌्	ग	◌ा
घ	इ	ह	ई	प	अ	य	भ	ई	ए	व	◌ि	ष	ष
ङ	द	ई	ए	श	◌ै	ल	◌ी	क	म	अ	स	य	द

कला
लिलाम
प्रामाणिक
शताब्दी
सिक्का
दशक
सजावटी
फर्निचर
ग्यालरी
लगानी
गहना
पुरानो
मान:
गुणस्तर
पुनर्स्थापना
मूर्तिकला
शैली
असामान्य

2 - Food #1

द	ण	ध	ग	इ	ण	प	ण	स	ङ	ट	ए	छ	इ
ष	ठ	घ	◌ो	च	ि◌	न	◌ी	◌्	ठ	ष	ण	क	द
न	ई	ष	ड	ए	ग	◌ी	क	ट	थ	श	फ	ञ	ङ
अ	ई	क	◌़	छ	फ	ब	व	◌्	र	य	ढ	इ	च
ण	भ	ह	ल	म	ग	◌ा	इ	र	ल	स	◌ु	न	अ
स	◌ी	ल	◌ु	त	◌ा	◌ू	थ	ब	छ	ठ	च	ञ	घ
◌ु	◌ू	स	◌ा	◌ौ	ज	ख	ल	◌े	ब	द	◌ा	म	द
ज	न	प	प	ए	र	व	◌े	र	द	र	प	ग	◌ू
इ	◌ु	◌ा	ट	ख	भ	व	म	◌ी	◌ा	ङ	◌्	ल	ध
छ	न	फ	स	श	फ	फ	न	ख	ल	ण	य	स	ढ
ट	◌ु	न	◌ा	प	स	द	इ	ण	च	थ	◌ा	भ	ध
स	ह	इ	त	म	◌ा	ल	श	श	◌ी	श	ज	अ	ट
व	ख	च	थ	ट	ण	त	◌ा	म	न	ए	य	क	प
क	व	श	न	ई	ङ	प	◌ी	द	◌ी	ञ	छ	ध	न

खूबानी
जौ
तुलसी
गाजर
दालचीनी
लसुन
जुस
लेमन
दूध
प्याज
बदाम
नासपाती
सलाद
नुन
सूप
पालुङगो
स्ट्रबेरी
चिंनी
टुना
सलगम

3 - Measurements

ग	ट	र	ग	अ	थ	ट	न	द	ञ	ध	क	क	उ
घ	◌्	ञ	अ	ह	ई	ट	छ	प	य	श	◌ि	◌ि	य
ए	द	र	इ	ह	◌ि	म	◌ि	ट	र	ख	ल	ल	स
उ	व	ट	◌ा	त	ण	र	स	ठ	फ	ङ	◌ो	◌ो	इ
ह	फ	◌ि	च	म	इ	ब	◌ा	◌्	म	ल	ग	म	ए
क	ह	ल	उ	ष	इ	थ	म	ई	स	छ	◌्	◌ि	ञ
ई	प	ड	◌ि	ग	◌्	र	◌ी	ड	फ	य	र	ट	थ
भ	ट	इ	◌ा	ब	ह	भ	व	◌ा	द	घ	◌ा	र	व
व	ज	न	इ	न	◌्	च	श	◌ौ	र	ए	म	श	ण
ल	ख	स	◌े	क	स	छ	छ	च	व	ए	ङ	श	फ
म	ङ	ई	द	◌ि	ष	व	ह	घ	थ	म	ष	र	श
श	औ	व	ठ	ई	म	र	अ	द	अ	ध	ण	इ	ण
द	◌ं	ई	ग	स	◌े	न	◌्	ट	◌ि	म	◌ि	ट	र
श	स	ह	भ	◌ो	ल	◌्	य	◌ु	म	ध	घ	द	छ

बाइट
सेन्टिमिटर
दशमलव
डिग्री
गहिराई
ग्राम
उचाइ
इन्च
किलोग्राम
किलोमिटर
लम्बाइ
लिटर
मास
मिटर
मिनेट
औंस
टन
भोल्युम
वजन
चौडाई

4 - Farm #2

य	ब	म	ध	य	उ	म	भ	ध	द	स	फ	घ	घ
ठ	ो	ा	प	ढ	श	ै	आ	े	य	ढ	ग	भ	क
श	ण	ा	र	घ	क	द	द	आ	ड	घ	ग	र	त
ढ	ठ	ल	फ	्	ट	ा	क	न	प	ा	ई	इ	घ
ह	ञ	इ	थ	र	न	न	र	स	ि	ँ	च	ा	इ
ा	उ	इ	ण	ट	ा	छ	क	च	ई	ए	इ	द	उ
ँ	ज	इ	प	क	ा	ध	द	ू	ध	स	ग	भ	इ
स	ौ	ण	व	्	ख	न	र	थ	त	ा	ह	ख	व
ठ	छ	व	श	य	छ	उ	क	ई	घ	ग	ु	ष	फ
ण	ठ	ङ	ब	ा	ग	क	म	क	ै	स	ँ	ह	ष
ङ	भ	क	व	र	ण	ि	ढ	त	स	ब	ण	ग	श
थ	य	ष	क	्	भ	स	म	ष	ई	्	ठ	य	छ
ङ	घ	स	क	्	उ	ा	फ	ल	ट	ज	ङ	अ	ष
क	न	ट	ङ	ट	क	न	ण	य	क	ी	प	य	ठ

जौ
बार्न
मकै
हाँस
किसान
खाना
फल
सिँचाइ
पाठो
लामा
मैदान
दूध
बाग
भेडा
ट्र्याक्टर
सागसब्जी
गहुँ

5 - Books

स	त	इ	प	◌ि	ए	उ	स	क	श	श	ट	उ	क
ढ	◌ा	स	इ	ख	ख	प	ङ	ग	व	◌्	द	इ	उ
प	◌ि	ह	ग	ढ	ञ	न	◌्	थ	क	र	ठ	आ	श
च	व	द	स	प	य	◌्	क	इ	ञ	◌ृ	थ	अ	ण
ब	क	क	◌्	◌ि	म	य	ल	ञ	ध	◌ं	इ	अ	न
ङ	य	थ	ध	व	क	◌ा	न	च	प	ख	न	ए	ग
त	त	◌ा	र	ए	◌ै	स	र	द	ह	ल	य	ख	च
ख	न	ए	न	प	ट	त	इ	फ	ट	◌ा	स	ण	क
भ	ढ	भ	स	प	स	◌ा	ह	◌ि	त	◌्	य	◌ि	क
क	थ	◌ा	ख	ग	स	न	◌्	द	र	◌्	भ	ल	ठ
आ	व	◌ि	ष	◌्	क	◌ा	र	श	◌ी	ल	श	◌े	◌ा
प	◌ृ	ष	◌्	ठ	च	च	ण	द	क	प	ढ	ख	प
ऐ	त	◌ि	ह	◌ा	स	◌ि	क	अ	घ	आ	छ	क	द
ठ	ढ	आ	म	फ	य	न	य	द	घ	उ	श	र	ह

साहसिक
लेखक
सङ्कलन
सन्दर्भ
द्वैत
इपिए
ऐतिहासिक
आविष्कारशील
साहित्यिक
बयान
उपन्यास
पृष्ठ
कविता
पाठक
श्रृंखला
कथा

6 - Meditation

ई	ई	थ	च	म	आ	व	ष	प	घ	त	ण	ह	च
म	◌ौ	न	म	स	न	ज	◌ा	ग	◌ा	ध	य	च	ध
थ	ह	च	च	भ	◌्	म	स	श	अ	ङ	ए	ए	म
ष	थ	य	व	य	द	ध	इ	त	ए	द	स	ग	र
घ	ण	ई	ए	उ	◌ो	भ	◌ा	व	न	◌ा	ह	र	◌ू
घ	भ	ह	म	ढ	ल	क	◌ृ	त	ज	◌्	ञ	त	◌ा
स	◌ं	ग	◌ी	त	न	व	◌ि	च	◌ा	र	ढ	व	त
क	म	ध	क	◌ि	न	स	◌्	प	ष	◌्	ट	त	◌ा
स	य	ञ	अ	न	व	◌्	प	◌्	र	क	◌ृ	त	◌ि
थ	ध	र	अ	◌्	ञ	उ	◌ा	छ	श	स	च	ङ	ख
प	ष	ख	भ	◌ा	ठ	ठ	य	श	त	◌ि	प	च	ट
न	उ	ञ	न	श	ठ	ख	द	घ	उ	न	प	ठ	त
स	◌्	व	◌ी	क	◌ृ	त	◌ि	न	ठ	◌ा	घ	छ	ण
थ	घ	ए	ख	ध	र	ग	भ	ह	ई	म	अ	द	छ

स्वीकृति
जागा
शान्त
स्पष्टता
भावनाहरू
कृतज्ञता
दया
मानसिक
मन
आन्दोलन
संगीत
प्रकृति
शान्ति
मौन
विचार

7 - Days and Months

अ	छ	श	म	व	छ	ख	ञ	आ	ह	त	ग	ज	ह
न	प	छ	द	र	उ	ञ	ई	य	स	ढ	फ	◌ु	आ
व	◌ो	◌्	श	◌्	श	◌ी	ख	स	इ	फ	प	ल	न
ञ	म	भ	र	ष	त	र	◌ा	ब	त	इ	आ	◌ा	अ
फ	◌ं	थ	◌े	◌ि	ख	व	ब	ठ	प	ध	ए	ई	छ
ङ	ग	घ	अ	म	ल	न	ञ	◌ा	म	ह	◌ि	न	◌ा
र	ल	स	थ	श	◌्	ज	स	म	ह	ष	उ	छ	इ
र	ब	◌ा	ध	◌ु	ब	ब	न	ग	ध	◌ी	ए	स	य
ह	◌ा	स	ई	उ	ग	च	र	◌्	◌ा	म	◌ि	र	उ
प	र	◌ो	त	◌्	◌ा	प	अ	क	◌्	ट	◌ो	ब	र
◌्	फ	◌े	ब	◌्	र	◌ु	अ	र	◌ी	◌्	ट	◌ा	ए
त	ण	श	◌ु	क	◌्	र	ब	◌ा	र	स	ङ	म	ढ
◌ा	श	न	◌ि	ब	◌ा	र	त	व	भ	ग	श	◌ो	श
स	◌े	प	◌्	ट	◌े	म	◌्	ब	र	अ	श	स	प

आप्रिल
अगस्ट
पात्रो
फेब्रुअरी
शुक्रबार
जनवरी
जुलाई
मार्च
सोमबार
महिना

नोभेम्बर
अक्टोबर
शनिबार
सेप्टेम्बर
आइतबार
बिहीबार
मंगलबार
बुधबार
हप्ता
वर्ष

8 - Energy

थ	भ	ध	व	म	र	घ	इ	ढ	प	क	ट	ब	इ
र	ग	न	इ	इ	व	इ	ल	ध	प	◌ा	फ	◌्	न
◌्	ए	घ	आ	न	फ	ण	◌े	क	व	र	न	य	◌्
म	क	ए	क	ग	आ	फ	क	ठ	न	◌्	ज	◌ा	ज
ल	त	ग	ण	ग	य	◌ो	◌्	द	उ	ब	र	ट	◌ि
व	घ	घ	ट	ष	अ	क	ट	स	इ	न	◌ो	◌्	न
व	◌ा	त	◌ा	व	र	ण	◌्	◌ू	प	न	ड	र	ञ
ड	◌ि	ज	◌े	ल	ण	ट	र	र	◌्	ट	◌्	◌ी	ष
म	◌ी	◌्	र	ग	छ	च	◌ो	◌्	र	◌ो	इ	ध	ई
त	◌ो	इ	प	ट	श	ष	न	य	द	◌ो	◌ा	द	न
ह	र	ट	न	अ	प	घ	थ	थ	◌ू	फ	ह	ह	आ
ए	प	ल	र	◌ो	ट	◌्	◌े	प	ष	अ	ङ	श	उ
ङ	ष	ध	भ	आ	फ	क	◌ि	व	ण	आ	ए	त	थ
इ	न	◌्	ट	◌्	र	◌ो	प	◌ी	ब	◌ा	इ	ट	ट

ब्याट्री
कार्बन
डिजेल
इलेक्ट्रोन
इन्जिन
इन्ट्रोपीबाइट
वातावरण
इन्धन
पेट्रोल
गर्मी
हाइड्रोजन
उद्योग
मोटर
आणविक
फोटोन
प्रदूषण
सूर्य
थर्मल
कल
पवन

9 - Chess

च	ए	व	ब	ख	ह	न	◌ि	य	म	च	ट	थ	प
इ	◌ु	आ	अ	ल	◌े	र	◌ा	न	◌ी	◌्	न	ह	◌्
आ	ग	न	ख	ङ	◌ि	ल	ग	त	ठ	य	ठ	ख	र
आ	ञ	ट	◌ौ	ई	आ	द	अ	◌ि	ज	◌ा	◌ा	र	त
क	च	य	ए	त	न	इ	◌ा	◌ी	श	म	न	ञ	◌ि
ण	भ	ण	द	र	◌ी	म	च	न	ख	◌्	द	ख	य
व	◌ि	र	◌ो	ध	◌ी	ह	आ	ण	ह	प	ठ	◌े	◌ो
म	प	◌्	फ	र	ई	आ	र	र	अ	◌ि	आ	ल	ग
व	भ	क	ह	द	ख	घ	न	◌ू	द	य	न	◌ा	◌ि
स	ष	◌ि	ट	भ	भ	ख	ग	ङ	घ	न	ङ	ड	त
◌े	आ	व	न	◌ि	ष	◌्	क	◌्	र	◌ि	य	◌ी	◌ा
त	इ	ञ	न	ट	ठ	उ	ण	ढ	ए	घ	र	ई	इ
◌ो	ह	च	म	य	त	म	त	क	थ	ञ	व	उ	र
क	◌ा	ल	◌ो	ध	स	अ	क	घ	क	स	म	य	घ

कालो
चुनौतीहरू
च्याम्पियन
प्रतियोगिता
विकर्ण
खेल
राजा
विरोधी
निष्क्रिय
खेलाडी
रानी
नियम
बलिदान
रणनीति
समय
सेतो

10 - Food #2

ट	च	च	छ	द	ग	त	स	ढ	ए	भ	ठ	ई	ब
व	ट	य	ण	य	ह	भ	◌्	छ	ञ	श	स	त	◌्
द	ह	र	ञ	स	◌ु	उ	य	◌ा	◌्	च	आ	ड	र
ह	ण	म	आ	म	◌ँ	क	◌ा	◌ा	ख	◌ु	ल	◌ा	◌ो
◌ी	घ	ह	च	क	ख	व	ऊ	म	◌ा	ह	म	◌्	क
ञ	क	स	द	ह	ध	च	र	◌ा	◌े	क	◌ा	ण	◌ो
द	उ	आ	◌े	ख	ध	ग	ट	◌े	ल	क	च	अ	ल
उ	व	फ	प	ल	ञ	व	◌ा	ह	क	च	द	र	◌ी
ब	ष	म	छ	प	र	च	म	ढ	ट	◌ो	न	श	ध
ख	◌ै	प	भ	ष	न	◌ी	ट	आ	ख	ट	घ	छ	उ
क	फ	◌ं	न	च	क	आ	◌ी	स	ए	◌ि	र	उ	इ
ण	य	द	ग	र	◌ि	ढ	◌ो	अ	ई	◌्	म	च	अ
ञ	अ	र	छ	न	च	ज	र	प	ग	र	◌ी	◌े	च
इ	द	ख	ह	ढ	ढ	र	च	फ	म	आ	भ	द	फ

स्याऊ
आर्टिचोक
केरा
रोटी
ब्रोकोली
सेलरी
चिज
चेरी
चिकन
चकलेट

अण्डा
बैंगन
माछा
खुला
हाम
च्याउ
चामल
टमाटर
गहुँ
दही

11 - Chemistry

ण	ए	ष	श	अ	ध	आ	य	थ	अ	ट	म	ग	आ
अ	ण	◌ु	ह	◌ा	इ	ड	◌्	र	◌ो	ज	न	र	ण
इ	अ	ग	प	छ	क	ठ	य	र	श	आ	◌ु	◌्	व
न	क	उ	◌्	ग	ढ	ई	फ	ई	क	व	न	म	◌ि
◌्	◌्	ग	थ	य	र	भ	प	ह	ग	फ	ए	◌ी	क
ज	स	न	इ	ल	◌ा	क	◌ा	◌्	ल	अ	घ	म	ध
◌ा	◌ि	आ	ह	ह	ट	◌ँ	र	◌ू	ह	त	◌ु	◌ा	ध
इ	ज	य	ए	स	◌ि	ड	स	छ	थ	र	व	अ	छ
म	न	न	म	◌ा	प	◌ा	त	ख	न	ल	ण	ज	ञ
क	◌्	ल	◌ो	र	◌ी	न	क	◌ा	र	◌्	ब	न	न
उ	त	◌्	प	◌्	र	◌े	र	क	व	◌ि	◌ै	ज	व
इ	ल	◌े	क	◌्	ट	◌्	र	◌ो	न	त	ण	ए	ह
य	क	ढ	य	ठ	ढ	न	ग	आ	ठ	घ	ई	य	ष
थ	ख	ए	ग	घ	ए	ई	म	ढ	आ	श	अ	ह	म

एसिड
अल्कालाइन
कार्बन
उत्प्रेरक
क्लोरीन
इलेक्ट्रोन
इन्जाइम
ग्याँस
गर्मी
हाइड्रोजन
आयन
तरल
धातुहरू
अणु
आणविक
जैविक
अक्सिजन
नुन
तापमान
वजन

12 - Music

ञ	ढ	क	ण	ब	भ	य	भ	थ	भ	ख	घ	ध	म
ल	◌ा	त	फ	ल	क	र	ि◌	ि◌	ल	भ	ई	ख	◌ा
ह	य	क	र	◌ा	◌े	प	ओ	ण	ए	:	म	छ	इ
र	ञ	ब	ङ	ड	ि◌	र	◌्	क	◌े	र	ई	ढ	क
◌्	र	फ	द	आ	श	ई	ए	ण	र	व	अ	च	◌्
म	प	◌ो	म	◌्	◌े	ट	स	ल	ए	◌्	म	श	र
◌ो	ह	ङ	ग	अ	ध	ढ	क	◌ं	◌्	स	ए	◌ा	◌ो
न	व	भ	◌ा	◌्	द	स	म	प	ग	ब	ट	स	फ
ि◌	ग	स	य	ञ	र	फ	य	ह	ञ	◌ी	म	◌्	◌ो
क	◌ी	श	क	त	ङ	य	ग	ध	इ	इ	त	त	न
र	त	भ	ट	ख	अ	क	ध	आ	ङ	द	आ	◌्	अ
क	म	त	◌्	त	◌ा	ि◌	व	क	च	म	उ	र	क
श	◌ा	स	ङ	◌्	ग	◌ी	त	क	◌ा	र	आ	◌ी	घ
च	र	छ	स	ह	उ	ण	त	क	◌ो	र	स	य	ण

एल्बम
बलाड
कोरस
शास्त्रीय
हर्मोनिक
सद्भाव
लिरिकल
गीतमा
माइक्रोफोन
संगीत
सङ्गीतकार
ओपेरा
कवितात्मक
रेकर्डिङ
ताल
लयबद्ध
गायक
टेम्पो
स्वर:

13 - Family

ब	म	ह	प	भ	त	◌ि	ज	◌ी	ग	श	प	ई	थ
◌ु	ह	ज	ई	◌ू	म	त	ह	अ	◌ं	क	ल	घ	ञ
ब	ढ	◌ु	ई	ढ	र	प	ञ	इ	ठ	व	अ	इ	व
◌ा	च	र	प	ष	इ	◌्	न	◌ा	त	◌ि	न	◌ी	स
आ	ई	ब	◌ि	क	प	उ	व	भ	अ	◌ि	च	ठ	ब
ख	अ	◌ु	त	ग	ई	क	ख	ज	ढ	थ	◌ा	च	ह
छ	ष	ब	◌ृ	आ	ष	◌ा	इ	◌ा	म	आ	◌्	न	◌ि
भ	◌ो	◌ा	ढ	द	द	क	म	◌ि	◌ा	छ	च	◌ी	न
च	स	र	स	छ	स	◌ी	ण	त	आ	प	ब	◌्	◌ी
फ	व	ण	◌ी	च	ट	स	ई	भ	र	घ	व	त	ढ
ष	ब	◌ा	ल	◌्	य	क	◌ा	ल	◌ु	ई	श	प	ङ
प	स	च	थ	छ	आ	ध	ए	ङ	ज	क	त	ग	थ
न	भ	भ	ग	इ	म	म	थ	फ	ह	व	ग	स	फ
क	आ	ङ	ग	आ	ञ	ध	ण	श	ग	ह	ई	अ	ध

पूर्वज
काकी
भाइ
बच्चा
बाल्यकाल
छोरी
बुबा
नातिनी
हजुरबुबा
हजुरआमा

नाति
पति
आमा
भतिजा
भतिजी
पितृ
बहिनी
अंकल
पत्नी

14 - Farm #1

आ	य	द	क	ग	भ	ब	म	ढ	थ	क	व	घ	ई
ट	य	फ	ई	◌ा	ण	ह	◌ा	◌ौ	ञ	◌ा	इ	◌ो	आ
ढ	स	म	त	ई	थ	आ	ध	र	र	ग	म	ड	छ
व	ई	ठ	उ	ई	द	ई	ग	ष	छ	◌ी	ह	◌ा	घ
ब	ह	ण	म	ल	अ	त	थ	ग	क	क	भ	क	त
◌ा	ट	च	◌ा	म	ल	द	अ	ई	आ	ठ	क	ष	न
छ	च	◌ि	क	न	इ	द	ष	ठ	ढ	श	ग	छ	ग
◌ो	व	ठ	ष	◌ी	ध	ठ	ग	क	स	ण	भ	आ	र
ञ	ह	म	च	◌ा	न	ट	ग	ग	◌ृ	म	ह	ढ	म
ग	व	प	न	प	फ	◌ा	◌ँ	ट	त	ष	ए	द	ह
ग	ठ	क	ब	◌ा	ख	◌्	र	◌ा	ङ	ख	◌ि	प	घ
च	ङ	ण	प	थ	स	ङ	ङ	न	ठ	म	न	ब	◌ा
क	◌ु	क	◌ु	र	◌ु	ह	स	◌ि	◌ं	◌ै	भ	◌ी	स
ट	त	ध	ञ	श	ब	◌ि	र	◌ा	ल	◌ो	म	उ	ई

कृषि
मौरी
भैंसिहरु
बाछो
बिरालो
चिकन
गाई
काग
कुकुर
गधा

बार
मल
फाँट
बाख्रा
घास
मह
घोडा
चामल
बीउ
पानी

15 - Camping

त	त	त	ढ	व	क	ह	क	◌ी	ट	ट	◌ो	प	◌ी
◌ा	ए	आ	ह	श	म	म	◌ा	र	द	◌्	◌्	न	च
ल	थ	श	◌ि	क	◌ा	र	◌्	च	ग	थ	न	व	र
क	◌्	य	◌ा	ब	◌ि	न	ञ	प	ञ	ठ	व	छ	◌ू
थ	थ	प	भ	त	न	र	◌ू	ह	◌ा	थ	क	ध	ख
ए	न	◌्	प	फ	र	◌ी	आ	न	न	स	त	र	ह
छ	म	र	य	ष	भ	◌ो	श	◌ो	प	क	ण	क	र
ण	ई	क	आ	ठ	छ	ड	स	य	य	श	◌्	य	◌ू
ग	छ	◌ृ	च	य	र	ख	प	◌ा	ट	ह	भ	स	ल
ञ	छ	त	ई	ढ	व	स	ह	◌्	ह	ख	ठ	ट	◌ा
ध	भ	◌ि	क	म	ए	ध	◌ा	क	व	स	इ	ठ	प
ङ	ढ	म	ङ	ञ	र	स	ड	श	य	ढ	◌ि	ण	म
भ	◌्	क	◌ो	ल	◌ु	ड	◌़	ग	◌ो	ग	आ	क	अ
ह	ए	ञ	श	थ	न	इ	उ	न	न	ग	अ	क	ई

साहसिक
क्याबिन
क्यानो
कम्पास
आगो
वन
भ्कोलुड़गो
टोपी
शिकार
कीट
ताल
नक्सा
चन्द्रमा
पहाड
प्रकृति
डोरी
कथाहरू
पाल
रूखहरू

16 - Algebra

श	◌ू	न	◌्	य	श	ठ	स	स	ग	ई	उ	अ	क
भ	ङ	ई	प	श	र	ठ	र	न	म	ल	इ	◌ं	ङ
द	ञ	फ	ठ	र	फ	ध	ल	च	प	स	त	श	अ
ए	घ	द	श	◌े	ध	म	ब	ङ	र	त	◌्	◌ू	स
ढ	फ	च	ए	ख	श	ट	न	ञ	ष	ठ	न	य	फ
र	ढ	प	ण	◌ा	ह	व	◌ा	ख	र	ष	न	ह	◌ा
थ	ह	ष	भ	च	इ	अ	उ	ण	त	ट	अ	ण	म
ह	ट	द	प	◌ि	उ	फ	न	र	◌ै	ख	◌ि	क	◌ा
भ	द	छ	ई	त	प	◌्	र	क	◌ा	श	क	ग	त
ई	क	इ	य	◌्	छ	ई	ग	◌ी	त	र	ठ	व	◌्
घ	ट	◌ा	उ	र	क	ए	य	म	च	भ	ण	ह	र
ष	न	प	न	ध	◌ा	◌ा	म	स	फ	च	ए	व	◌ा
क	◌ो	ष	◌्	ठ	क	फ	र	◌ा	◌्	ग	ञ	आ	य
ट	प	श	ढ	त	भ	उ	प	क	इ	श	ख	न	र

रेखाचित्र
समीकरण
प्रकाशक
कारक
गलत
सूत्र
अंश
ग्राफ
अनन्त

रैखिक
कोष्ठक
समस्या
मात्रा
सरल बनाउन
समाधान
घटाउ
चल
शून्य

17 - Numbers

ए	अ	क	अ	ग	द	उ	क	न	ग	ञ	उ	प	ढ
द	अ	ह	न	छ	र	ई	द	व	ट	द	ञ	र	प
श	द	ठ	प	श	म	घ	ण	भ	व	ण	स	र	ट
म	ङ	ञ	◌ा	उ	भ	ग	ए	थ	ए	र	ह	ख	च
ल	फ	स	द	र	त	ध	प	ब	◌ा	ह	◌्	र	◌ौ
व	म	इ	च	छ	प	◌ा	◌ँ	च	आ	ठ	प	ह	ध
आ	प	न	◌्	ध	◌्	र	त	◌े	ह	◌्	र	◌्	उ
ञ	द	◌ा	श	ध	व	स	व	स	ण	ङ	र	◌ो	छ
ण	ढ	◌्	फ	उ	च	ट	ई	व	स	श	आ	स	ठ
ढ	◌ौ	न	ष	ठ	न	आ	छ	ठ	ख	ण	ए	थ	ठ
अ	ग	उ	प	ट	घ	◌ी	थ	उ	थ	द	क	ञ	ञ
ण	छ	भ	च	◌ा	र	◌्	त	स	द	◌ु	द	ढ	ट
ण	ठ	थ	स	ई	ढ	प	◌ा	ङ	◌ी	ई	फ	य	स
ई	उ	न	ख	ह	क	घ	स	ह	ई	ब	द	ठ	इ

दशमलव
आठ
अठार
पन्ध्र
पाँच
चार
चौध
नौ
उन्नाइस
एक

सात
सत्र
सोह्र
दस
तेह्र
तीन
बाह्र
बीस
दुई

18 - Spices

थ	ठ	ञ	क	ठ	अ	क	र	◌ी	त	द	फ	भ	उ
य	ए	ष	छ	त	म	द	घ	ङ	य	◌ा	◌ि	न	ध
ज	◌ा	य	फ	ल	न	ञ	◌ु	त	ट	ल	प	ख	ठ
क	◌े	स	र	ज	च	छ	श	व	ए	च	◌्	व	ञ
च	ठ	त	◌ो	◌ी	त	ल	द	प	◌ा	◌ी	य	ट	ख
भ	ध	न	अ	र	स	त	◌ि	क	क	न	◌ा	श	व
च	उ	◌ु	स	◌ा	च	थ	थ	क	ठ	◌ी	ज	क	न
स	अ	स	◌ौ	◌ं	फ	थ	व	फ	◌ो	ञ	ङ	थ	ष
◌्	अ	ल	◌ै	◌ं	च	◌ी	व	द	◌ी	र	आ	प	द
व	ई	ई	अ	इ	ङ	अ	ष	श	म	ए	◌ि	ण	न
◌ा	क	ण	ग	इ	घ	फ	न	स	ध	र	ट	स	ढ
द	छ	ई	थ	भ	ट	घ	द	◌ु	ञ	ण	ङ	अ	◌े
भ	◌्	य	◌ा	न	◌ि	ल	◌ा	ढ	न	घ	म	छ	ण
य	त	ई	स	थ	व	ह	क	स	ङ	क	ण	ट	क

तीतो
अलैंची
दालचीनी
धनिया
जीरा
करी
सौंफ
स्वाद
लसुन
अदुवा
लिकोरिसे
जायफल
प्याज
केसर
नुन
मीठो
भ्यानिला

19 - Universe

घ	छ	छ	ई	थ	घ	स	अ	क	घ	थ	य	म	स
ह	ए	ट	छ	च	स	म	ध	न	इ	ह	ण	ल	ण
क	स	◌्	म	◌ि	क	ह	द	न	◌्	श	ध	फ	स
ख	ग	◌ो	ल	व	◌ि	द	◌्	◌े	श	ध	ठ	श	घ
फ	भ	प	घ	फ	ए	र	र	अ	ख	ग	क	◌ि	म
क	◌्	ष	◌ि	त	◌ि	ज	◌्	ण	ग	◌ि	फ	◌ा	◌ा
इ	ध	◌्	ङ	श	फ	थ	ल	भ	ङ	भ	न	र	र
द	फ	क	श	ट	ङ	आ	◌ा	ङ	ह	ध	व	◌े	द
ह	ग	क	च	उ	ट	फ	◌ो	त	ग	ख	प	छ	◌्
स	अ	ष	न	स	भ	उ	ग	ए	म	◌ा	ल	◌े	◌्
ग	ट	◌े	ल	◌ि	स	◌्	क	◌ो	प	ढ	न	ई	न
न	आ	क	◌ा	श	ष	◌ा	◌ं	◌्	क	अ	स	प	च
ग	◌्	य	◌ा	ल	◌े	क	◌्	स	◌ी	व	र	◌ौ	श
ख	ग	◌ो	ल	व	◌ि	ज	◌्	ञ	◌ा	न	छ	ए	र

खगोलविद्
खगोल विज्ञान
एमाले
कस्मिक
अन्धकार
ग्यालेक्सी
गोलार्द्ध
क्षितिज
अक्षांश
चन्द्रमा
कक्ष
आकाश
सौर
टेलिस्कोप
देखिने
राशिफल

20 - Mammals

क	श	आ	स	इ	च	थ	च	द	ग	च	ए	ठ	त
ष	◌ो	ब	◌ी	भ	र	ण	थ	च	ख	ए	म	न	छ
स	ग	य	क	ढ	ण	ण	ठ	आ	प	न	र	फ	उ
घ	र	घ	◌ो	◌ु	अ	थ	अ	ध	ल	ठ	द	◌ि	न
ब	ख	थ	न	ट	क	ट	स	◌ो	व	◌ा	◌ँ	◌्	ब
ब	◌ि	थ	द	ङ	ठ	◌ु	ड	◌ा	◌े	भ	◌ा	ल	◌ु
◌ु	आ	र	न	अ	प	भ	र	ह	◌्	क	ब	ड	ज
ल	प	घ	◌ा	ध	अ	त	◌ी	◌ा	ह	ङ	र	◌ा	◌े
व	छ	ण	ट	ल	स	श	श	न	◌ं	ग	ई	◌ो	ब
त	ग	श	थ	उ	◌ो	त	श	ई	◌ि	◌ा	इ	घ	◌्
ग	◌ो	र	◌ि	ल	◌्	ल	◌ा	भ	स	र	ई	उ	र
त	ए	श	ट	अ	ञ	भ	घ	भ	◌्	◌ु	ञ	उ	◌ा
व	आ	ग	फ	ई	य	श	ख	ष	क	र	व	ण	भ
स	ए	ट	ढ	भ	ह	न	द	य	फ	र	◌ा	◌ि	ज

भालु
बीभर
बुल
बिरालो
कोयोट
कुकुर
डल्फिन
हाती
फक्स
जिराफ
गोरिल्ला
घोडा
कङगारु
सिंह
बाँदर
खरगोश
भेडा
ह्वेल
ब्वाँसो
जेब्रा

21 - Fishing

ध	ङ	ट	ख	प	ङ	फ	आ	भ	ग	आ	न	ञ	प
अ	◌ै	त	द	ङ	च	भ	द	भ	◌ा	◌ि	भ	भ	◌ा
त	थ	र	त	उ	ञ	न	ठ	ह	ङ	प	ल	र	न
◌ि	ध	द	◌्	ट	प	द	फ	ठ	◌्	च	◌ो	◌्	◌ी
श	म	◌्	ख	य	◌ो	◌ी	अ	घ	◌ु	ठ	र	प	स
य	त	◌ु	ङ	क	म	क	◌ु	क	ड	त	◌्	क	अ
◌ो	ष	म	त	◌ा	र	◌ु	र	त	ख	◌ं	प	छ	क
क	त	स	आ	द	ध	ह	घ	◌ी	अ	आ	फ	आ	ण
◌्	त	◌ा	ल	श	स	श	द	क	स	ण	प	ह	त
त	उ	फ	ण	र	◌ा	ढ	ध	भ	ण	आ	उ	त	त
◌ि	क	ण	ठ	व	ग	क	ण	ख	य	प	ङ	श	ख
स	ई	घ	च	ज	र	ह	ञ	ठ	च	ङ	ए	ञ	इ
उ	म	फ	ठ	न	च	◌ि	ब	◌ु	क	ञ	प	ग	ञ
ह	इ	ह	ठ	य	ढ	ञ	छ	च	घ	ई	ई	ढ	ध

प्रलोभन
टोकरी
समुद्र तट
डुङ्गा
कुक
अतिशयोक्ति
पंख
गिल्स
हुक

चिबुक
ताल
सागर
धैर्य
नदी
पानी
वजन
तार

22 - Restaurant #1

च	भ	प	छ	भ	म	ठ	इ	ध	य	ट	श	आ	ट
न	◌ि	छ	ई	त	स	र	◌े	ट	◌्	◌े	व	ध	आ
क	ङ	क	ई	म	ल	उ	◌ा	ब	ट	फ	ङ	आ	क
च	फ	ठ	न	त	◌ा	ई	ढ	ठ	ख	ख	ङ	न	ग
◌ा	ट	◌ी	◌ो	र	द	फ	भ	◌ा	न	◌्	स	◌ा	म
क	ल	ञ	ई	य	◌ा	ए	ल	र	◌्	ज	◌ी	◌ा	◌े
◌ू	◌े	ख	व	ङ	र	म	◌ा	स	◌ु	म	ट	ख	न
उ	◌्	फ	य	घ	अ	र	व	ङ	ठ	इ	म	व	◌ु
श	प	ह	ह	ञ	इ	ष	व	अ	ए	प	◌ि	स	स
न	श	ष	न	◌्	य	◌ा	प	क	◌ि	न	ठ	छ	ए
त	इ	छ	स	ख	भ	य	ए	अ	स	घ	◌ा	ए	स
य	ट	न	फ	ह	ई	ठ	ष	स	ई	आ	ई	इ	ग
ष	प	क	च	छ	ङ	ट	ठ	ध	च	स	भ	म	ख
ह	ण	घ	ण	उ	ण	ठ	ई	ख	ए	ह	छ	क	ई

एलजीं
बाउल
रोटी
चिकन
कफी
मिठाई
खाना
भान्सा
चाकू
मासु
मेनु
न्यापकिन
प्लेट
सस
मसलादार
वेट्रेस

23 - Bees

स	उ	ण	न	ख	ङ	ञ	ण	इ	प	ए	ङ	द	ध
व	◌ृ	ट	ट	◌ा	◌े	ख	प	क	ढ	र	र	आ	◌ु
च	◌ि	र	उ	न	उ	ठ	फ	◌ो	य	ग	◌ा	र	व
ग	ख	व	◌्	◌ा	आ	उ	◌ू	स	छ	ढ	क	ग	◌ा
आ	त	त	◌ि	य	अ	ठ	ल	◌ि	ग	श	ढ	ध	◌ँ
छ	आ	इ	ह	ध	म	म	फ	स	ष	ञ	आ	ठ	ब
इ	ख	छ	ढ	ल	त	ढ	छ	◌्	ठ	व	स	य	◌ि
र	◌ा	न	◌ी	◌ा	ध	◌ा	ङ	ट	◌ी	क	स	छ	र
द	ट	क	फ	भ	म	ह	ख	म	उ	ष	श	ट	◌ु
ल	ण	इ	छ	द	◌ो	स	आ	ब	ग	◌ै	च	◌ा	व
क	ए	ह	इ	◌ा	म	उ	त	फ	ए	अ	य	च	◌ा
द	द	ग	ए	य	ए	क	ञ	ण	ई	क	क	ए	ह
उ	छ	प	ए	क	ष	ध	ङ	उ	क	च	आ	ढ	र
ध	च	आ	ख	फ	आ	च	आ	घ	व	घ	क	उ	◌ू

लाभदायक
विविधता
इकोसिस्टम
फूल
खाना
फल
बगैचा
मह
कीट
बिरुवाहरू
पराग
रानी
धुवाँ
सूर्य
दल
मोम
पखेटा

24 - Photography

च	ढ	ट	व	इ	व	ह	अ	थ	व	अ	आ	प	ट
ध	ि	ा	इ	अ	ष	ट	छ	ञ	च	द	इ	्	उ
ई	ङ	त	ँ	ञ	द	ह	ङ	ठ	ट	ङ	छ	र	ठ
अ	न	प	्	च	ष	अ	ष	व	व	उ	य	द	घ
र	च	न	ा	र	ा	म	े	य	ा	्	क	र	व
फ	फ	भ	र	ष	भ	स	न	ा	न	छ	आ	्	म
त	ध	व	ङ	र	ा	अ	ङ	ँ	ब	त	व	श	न
फ	्	र	े	म	ि	त	य	ा	म	क	य	न	आ
क	न	ङ	थ	द	र	ह	प	छ	क	ध	फ	ी	ट
क	ा	ल	ो	ृ	प	व	स	ए	थ	म	क	ई	स
र	छ	य	ह	श	ह	स	अ	न	्	ध	क	ा	र
र	द	क	उ	्	ञ	्	च	प	ढ	अ	प	स	ञ
फ	थ	ष	द	य	थ	त	ए	ह	ञ	ट	ढ	इ	इ
र	ठ	व	ि	ष	य	ु	त	ङ	श	व	थ	ग	घ

कालो
क्यामेरा
रङ
रचना
अन्धकार
परिभाषा
प्रदर्शनी
ढाँचा
फ्रेम
वस्तु
चित्र
छायाँ
विषय
बनावट
दृश्य

25 - Weather

स	ज	ह	ध	◌्	र	◌ु	व	◌ी	य	ब	भ	ख	इ
र	ल	◌ा	◌ी	प	◌ी	र	उ	ङ	य	◌ा	◌्	ट	च
श	व	व	◌ँ	द	◌े	थ	ए	क	प	द	द	य	भ
◌ा	◌ा	◌ा	आ	र	ड	◌्	न	थ	च	ल	म	स	स
न	य	द	छ	घ	ख	स	◌ु	क	◌्	ख	◌ा	ङ	◌्
◌्	◌ु	त	छ	अ	फ	ष	व	र	◌ो	ह	◌ि	◌ु	क
त	क	स	◌ा	भ	ई	ञ	भ	◌ा	य	छ	भ	ल	◌ा
ष	आ	भ	न	प	इ	ख	क	थ	त	स	क	क	ई
ढ	न	न	व	म	म	उ	ध	छ	क	◌ा	ट	प	म
य	घ	प	प	ध	त	◌ा	ह	भ	ट	घ	व	◌ि	व
ञ	थ	प	थ	घ	ह	ङ	न	फ	◌ा	◌ू	त	र	ञ
इ	न	◌्	द	◌्	र	◌े	ण	◌ी	ष	ङ	ह	◌्	ण
म	ई	ब	र	फ	उ	न	ष	फ	स	त	श	ट	प
म	च	द	ग	च	ख	भ	इ	ठ	ए	ठ	न	ण	स

वातावरण
हावा
शान्त
जलवायु
बादल
खडेरी
सुक्खा
कुहिरो
तूफान
बरफ
चट्याङ
मनसुन
ध्रुवीय
इन्द्रेणी
स्काई
तापमान
थन्डर
आँधी
ट्रपिकल
पवन

26 - Adventure

प	न	स	ग	◌े	भ	◌ि	◌े	न	म	ग	ध	म	न
ण	◌्	भ	ष	य	ह	◌्	भ	च	अ	न	उ	◌ौ	ध
च	प	र	◌ा	त	स	अ	र	ढ	ग	◌्	घ	क	ट
ञ	श	◌ी	क	ग	◌ा	ई	◌ू	म	इ	त	च	◌ा	ङ
आ	छ	◌ा	◌्	◌ृ	◌्	न	ह	ङ	ण	व	ञ	ई	क
घ	र	य	र	ध	त	◌ा	त	ण	द	◌्	र	न	श
य	क	त	◌ु	ख	उ	◌ि	◌ी	आ	ण	य	ञ	ष	स
ग	घ	फ	स	त	स	ठ	न	श	उ	र	श	फ	आ
त	ख	स	ई	र	थ	क	◌ौ	म	ए	◌्	ए	व	च
◌ि	न	य	द	न	स	क	◌ु	र	म	द	ख	च	आ
व	ण	य	स	◌ा	ष	द	च	म	भ	न	भ	ख	ह
◌ि	ठ	ख	◌ा	क	ठ	ष	श	च	ई	◌्	उ	इ	ञ
ध	प	व	र	◌ँ	ख	र	क	द	फ	◌ौ	ङ	घ	ष
◌ि	अ	स	◌ा	म	◌ा	न	◌्	य	प	स	ह	आ	त

गतिविधि
सौन्दर्य
चुनौतीहरू
मौका
खतरनाक
गन्तव्य
कठिनाई
उत्साह
भ्रमण
प्रकृति
नेभिगेसन
नयाँ
तयारी
सुरक्षा
असामान्य

27 - Sport

ङ	त	ण	श	घ	ग	उ	व	ग	ण	आ	न	ङ	न
अ	भ	य	ग	ण	ष	अ	ञ	फ	ढ	स	उ	स	अ
ई	ञ	आ	र	◌ू	ह	श	◌ी	प	◌े	स	◌ं	◌ा	म
म	◌े	ट	◌ा	ब	◌ो	ल	◌ि	क	◌ो	छ	ठ	ण	र
क	अ	ध	◌ि	क	त	म	व	ए	ए	ष	ञ	र	इ
ञ	◌ा	श	व	व	ग	आ	ह	◌ा	र	छ	ण	ठ	च
त	ह	र	◌ू	ह	ड	◌ी	◌्	ड	ह	ई	न	ह	◌ो
त	त	◌ि	◌्	क	श	ए	ढ	ख	ट	स	घ	स	क
ण	थ	ढ	त	य	ध	य	न	च	◌े	ष	र	ह	◌्
उ	ख	त	भ	त	क	ष	ध	ट	◌ी	ल	थ	ए	ष
ठ	अ	य	थ	◌्	स	◌्	व	◌ा	◌्	स	च	ट	म
स	छ	य	ह	◌ृ	उ	◌्	र	ई	छ	ढ	अ	अ	त
ट	फ	ष	ग	न	ण	क	य	म	ष	ख	ध	ए	◌ा
स	◌ा	इ	क	ल	च	ल	◌ा	उ	न	◌े	ह	ङ	ढ

क्षमता
एथलीट
हड्डीहरू
कोच
साइकल चलाउने
नृत्य
आहार
लक्ष्य
स्वास्थ्य
अधिकतम
मेटाबोलिक
मांसपेशीहरू
पोषण
कार्यक्रम
खेल
शक्ति

28 - Circus

ब	ङ	प	स	फ	य	स	ह	फ	श	छ	र	ञ	स
घ	ा	ब	ो	य	ष	ि	च	ा	त	म	त	ण	श
ज	च	ँ	व	श	ल	ं	ा	व	त	ग	ी	ं	स
ु	ख	ङ	द	र	ा	ह	ल	व	घ	ी	य	न	ए
ग	न	ड	े	र	प	क	श	्	र	द	फ	य	क
ल	ए	श	र	ग	ब	े	ल	ु	न	न	च	त	्
र	न	इ	ङ	द	ू	ा	ज	छ	अ	य	व	क	र
ण	ङ	भ	द	ू	आ	ध	व	त	ह	ण	आ	ग	ो
त	च	र	द	ा	न	ा	श	ख	र	अ	व	इ	ब
इ	म	म	ढ	ज	ष	ण	ञ	ई	ई	ठ	उ	म	्
व	ई	थ	क	छ	आ	ठ	इ	च	क	थ	य	छ	य
इ	ख	ग	ठ	म	ख	ट	ह	आ	च	त	ढ	ए	ा
घ	भ	आ	इ	ढ	स	व	ङ	इ	फ	श	र	त	ट
ई	ए	द	म	ख	न	ठ	क	ध	ख	ञ	ढ	क	द

एक्रोब्याट
बेलुन
पोशाक
हाती
जुगलर
सिंह
जादू
जादूगर

बॉंदर
संगीत
परेड
शानदार
दर्शक
पाल
बाघ
चाल

29 - Geology

क	ख	ग	◌ु	फ	◌ा	ढ	म	श	◌्	व	◌ा	◌ी	ज
ह	◌्	न	◌ु	न	प	छ	य	त	◌ा	त	◌ो	प	ङ
क	ट	व	◌ि	व	व	अ	स	क	◌ो	र	ल	ग	द
◌्	ह	ढ	◌ा	ज	◌ी	ड	◌ि	स	ए	ह	ट	◌्	र
ष	म	ठ	ग	र	द	च	ल	ण	श	ख	स	ल	थ
◌े	अ	ख	ण	ङ	◌्	न	य	च	ण	श	◌्	◌े	ङ
त	ष	ठ	ढ	छ	◌ा	ट	◌ा	क	ई	प	र	क	त
◌्	श	अ	ढ	अ	ह	◌ो	◌्	घ	ध	ष	◌ि	◌ो	ह
र	ढ	छ	म	ख	म	◌्	क	ज	श	व	◌्	ख	स
भ	◌ू	क	म	◌्	प	स	ध	च	य	प	क	त	स
◌ा	ए	ण	र	ष	घ	प	आ	घ	ञ	प	च	घ	उ
◌ा	ङ	ठ	ङ	स	प	द	ह	ध	ण	द	ठ	छ	त
ल	भ	व	र	ट	ष	र	त	ए	द	व	स	◌ा	ग
च	व	ञ	ज	◌्	व	◌ा	ल	◌ा	म	◌ु	ख	◌ी	र

एसिड
क्यालसियम
गुफा
महाद्वीप
कोरल
क्रिस्टल
भूकम्प
जीवाश्म
तातो
लाभा
तह
खनिज
पग्लेको
पठार
क्वार्ट्ज
नुन
स्टोन
ज्वालामुखी
क्षेत्र

30 - House

स	श	म	न	घ	क	द	आ	आ	भ	ख	ण	स	ट
घ	◌्	त	ल	◌्	ल	◌ा	छ	त	अ	क	इ	ञ	भ
न	ङ	न	उ	ह	अ	◌्	ब	म	ढ	◌ो	उ	◌्	अ
◌ी	क	क	◌ा	ध	त	र	ह	ग	द	ठ	स	झ	ण
म	ञ	थ	च	न	भ	प	भ	ख	◌ै	◌ा	ल	◌्	छ
◌्	◌ि	ठ	द	ह	द	र	ञ	श	य	च	ख	य	घ
◌ि	आ	र	च	न	◌ि	◌्	र	फ	द	◌ो	◌ा	◌ा	घ
च	आ	क	र	◌ी	◌ा	ट	अ	आ	अ	◌ु	◌्	ल	प
ढ	◌ो	क	◌ा	ब	◌ा	र	ख	छ	व	क	र	आ	श
भ	थ	म	स	ग	ट	द	◌ी	प	क	ग	प	ख	ञ
भ	◌ा	न	◌्	स	◌ा	ञ	स	य	घ	छ	च	श	ङ
प	◌ु	स	◌्	त	क	◌ा	ल	य	ठ	ध	घ	स	य
क	◌ु	ञ	◌्	ज	◌ी	ह	र	◌ू	न	फ	फ	ङ	प
ग	◌्	य	◌ा	र	◌े	ज	व	र	क	न	न	आ	ष

अटारी
कुचो
चिम्नी
पर्दा
ढोका
बार
तल्ला
फर्निचर
ग्यारेज
बगैचा

कुञ्जीहरू
भान्सा
दीपक
पुस्तकालय
मिरर
छत
कोठा
स्नान
पर्खाल
सञ्झ्याल

31 - Physics

आ	ठ	इ	ई	ग	ह	ढ	ङ	फ	ई	त	ङ	छ	स
स	ण	ट	ण	ह	र	◌ा	स	◌ा	य	न	◌ि	क	◌ा
◌ू	क	व	फ	ञ	इ	र	त	◌ा	स	◌्	◌ि	व	प
त	त	त	◌ि	त	◌्	◌ृ	व	आ	म	व	त	त	◌े
◌्	प	भ	व	क	य	ई	क	स	न	◌े	ग	◌्	क
र	फ	च	स	इ	न	◌्	ज	◌ि	न	ग	य	क	◌्
इ	ढ	ष	ध	ग	श	छ	क	आ	प	फ	च	ब	ष
ठ	य	घ	ठ	ष	य	ह	द	त	ए	य	ई	म	त
ई	ढ	न	थ	छ	ण	◌ो	प	ञ	ट	ह	ङ	◌्	◌ा
प	व	त	◌ा	क	ज	◌ा	र	अ	म	व	न	◌ु	आ
र	त	◌्	न	◌्	य	◌ं	स	◌्	ए	ष	ह	च	आ
भ	र	व	ष	घ	ष	ष	म	स	प	ग	इ	ई	ख
ठ	इ	ल	◌े	क	◌्	ट	◌्	र	◌ो	न	द	ध	आ
ठ	अ	ण	◌ु	ग	◌्	य	◌ा	◌ँ	स	ग	उ	छ	न

गति
एटम
अराजकता
रासायनिक
घनत्व
इलेक्ट्रोन
इन्जिन
विस्तार
प्रयोग
सूत्र
आवृत्ति
ग्याँस
चुम्बकत्व
मास
संयन्त्र
अणु
आणविक
कण
सापेक्षता
वेग

32 - Dance

ह	घ	प	फ	ठ	प	भ	अ	व	ञ	व	श	ध	ण
र	अ	ठ	र	श	र	ध	◌ा	म	◌ी	द	◌ा	क	अ
◌्	त	◌ा	ल	न	म	प	फ	व	र	ग	स	ल	ट
ष	न	ल	द	◌ो	◌्	न	आ	ठ	न	न	◌्	ग	क
◌ि	अ	ग	घ	ञ	प	म	ठ	क	र	◌ा	त	द	स
त	च	ध	घ	र	र	द	◌ृ	श	◌्	य	◌्	ङ	ढ
आ	स	ण	क	ग	◌ा	व	इ	न	ई	थ	र	ठ	म
व	द	व	थ	त	ग	ए	ई	त	ण	र	◌ी	ग	अ
क	ङ	आ	च	ञ	त	आ	ग	छ	श	ए	य	◌ा	ट
क	◌ो	र	◌ि	य	◌ो	ग	◌्	र	◌ा	फ	◌ी	न	स
छ	त	स	◌ं	स	◌्	क	◌ृ	त	◌ि	त	ञ	ष	ख
ढ	ई	स	◌ं	ग	◌ी	त	छ	भ	र	उ	छ	प	छ
अ	भ	◌ि	व	◌्	य	क	◌्	त	श	च	ध	ष	द
स	◌ा	◌ं	स	◌्	क	◌ृ	त	◌ि	क	आ	य	ङ	आ

अकादमी
कला
कोरियोग्राफी
शास्त्रीय
सांस्कृतिक
संस्कृति
भावना
अभिव्यक्त
हर्षित
आन्दोलन
संगीत
साथी
ताल
परम्परागत
दृश्य

33 - Coffee

स	्	व	ा	द	ण	र	आ	य	ग	म	ण	क	भ
क	प	ह	अ	ए	थ	ढ	ई	घ	ए	च	स	प	थ
ख	इ	ी	स	ष	ई	:	न	ा	म	थ	व	ण	फ
इ	फ	आ	स	न	ए	र	फ	घ	उ	ट	ह	उ	प
भ	भ	छ	अ	र	ई	म	ि	प	इ	थ	ङ	य	म
त	र	ए	र	ए	ट	घ	य	ठ	ध	श	ग	श	ू
इ	क	र	इ	ए	द	ल	ा	ट	द	म	च	इ	ल
द	इ	ष	ञ	अ	त	र	्	ब	ू	च	घ	ग	भ
ह	स	ढ	त	ल	ो	ा	क	ि	ध	र	ि	इ	र
ग	ञ	ञ	ह	र	ी	आ	भ	ह	फ	ङ	प	न	फ
त	ध	आ	अ	त	त	प	अ	ा	व	भ	र	ी	ी
उ	ङ	फ	स	स	ध	ग	ठ	न	द	छ	अ	ा	ट
ङ	व	फ	ई	ए	द	ङ	द	उ	ए	ठ	य	प	क
ए	ष	म	स	ख	घ	ध	ए	थ	द	व	इ	ण	ण

तीतो
कालो
क्याफिन
तर
कप
फिल्टर
स्वाद
पीस
तरल
दूध
बिहान
मूल
मान:
चिनी
पानी

34 - Colors

ढ	म	इ	ट	व	इ	ध	ग	भ	ढ	व	न	ख	प
म	य	ग	ङ	घ	द	ह	व	◌्	उ	ङ	◌ी	ध	ह
भ	छ	फ	अ	भ	श	ग	ष	क	र	क	ल	आ	◌े
ष	र	ट	ई	ई	म	ञ	य	ए	च	◌े	◌ो	र	ल
उ	ङ	उ	स	र	ख	ख	भ	श	ढ	ग	ट	ट	◌ो
फ	ट	प	ग	म	◌ै	ञ	ए	इ	अ	ण	र	◌ा	ट
ढ	ठ	त	च	ए	र	ट	ध	छ	ढ	आ	ई	न	भ
ए	श	ल	द	य	◌ो	◌ि	र	ह	ए	इ	ध	◌्	ध
ब	◌ी	ल	◌ा	◌ु	ग	भ	भ	म	इ	ग	म	ज	ई
ञ	ञ	छ	य	त	ङ	य	ङ	ग	ध	न	श	◌े	ञ
आ	स	◌ि	य	◌ा	न	◌ी	ज	◌ै	ब	ढ	फ	य	इ
स	◌े	त	◌ो	घ	ब	◌्	ण	ल	◌ा	ल	◌ो	◌ा	क
त	ढ	व	ध	फ	ग	◌े	◌ु	ञ	उ	उ	ई	◌्	ठ
ब	◌ै	◌ं	ग	न	◌ी	छ	ज	स	क	त	स	म	ई

बेज
कालो
नीलो
खैरो
सियान
हरियो
ग्रे
म्याजेन्टा
सुन्तला
गुलाबी
बैजनी
लाल
बैंगनी
सेतो
पहेलो

35 - Shapes

छ	भ	ष	र	स	म	प	ा	र	्	श	्	व	द
स	ि	ल	ि	न	्	ड	र	व	ओ	ध	ध	व	ी
ढ	श	थ	फ	ा	फ	ग	ग	र	ए	भ	भ	व	र
स	उ	ह	ध	ु	अ	व	प	्	थ	ध	ल	ष	्
च	य	थ	ए	क	अ	ष	च	ग	ज	फ	उ	ढ	घ
घ	त	श	फ	थ	ए	ल	प	श	भ	च	ग	आ	व
ब	ह	ु	भ	ु	ज	ा	ट	ि	ु	ा	ो	भ	ृ
र	छ	त	ई	द	द	इ	प	द	र	प	ल	फ	त
ढ	ई	प	ग	छ	इ	न	प	म	ि	ा	ा	घ	्
ह	ा	इ	प	र	ब	ो	ल	ा	्	ट	म	ह	त
ढ	फ	म	व	श	व	क	र	ङ	त	घ	न	ि	क
स	थ	ए	ङ	य	क	च	ढ	व	प	च	आ	ई	ड
फ	द	ए	ग	श	्	ध	भ	ग	ह	ठ	य	इ	उ
स	श	ह	व	भ	र	श	ए	य	न	थ	त	ग	क

चाप
कोन
कुना
घन
वक्र
सिलिन्डर
दीर्घवृत्त
हाइपरबोला
लाइन
ओभल
बहुभुज
समपार्श्व
पिरामिड
आयत
गोला
वर्ग
त्रिभुज

36 - Scientific Disciplines

प	थ	न	ञ	◌ा	ज	◌्	व	◌ि	व	◌ी	ज	क	भ
◌ा	फ	न	◌्	म	न	◌ो	व	◌ि	ज	◌्	ञ	◌ा	न
र	न	ज	फ	य	प	श	प	◌ो	ष	ण	म	त	फ
◌ि	ङ	◌ी	ठ	ङ	◌ू	◌ु	त	थ	फ	प	य	च	◌ि
स	फ	ल	ञ	इ	ढ	र	र	च	ठ	द	र	न	ज
◌्	ट	◌ो	प	त	द	क	◌ो	◌ा	च	ख	उ	द	◌ि
थ	ए	न	◌ा	ट	◌ॉ	म	◌ी	ल	त	छ	ञ	व	य
◌ि	न	◌ो	भ	ङ	छ	ठ	त	ए	◌ो	त	ध	उ	◌ो
त	ण	य	◌ा	त	श	ष	ध	ए	छ	ज	◌्	क	ल
◌ि	भ	◌ु	ष	क	भ	ठ	श	म	ङ	ए	◌ी	व	◌ो
क	ञ	◌्	◌ा	भ	◌ू	व	◌ि	ज	◌्	ञ	◌ा	न	ज
◌ी	श	म	र	◌ो	ब	◌ो	ट	◌ि	क	◌्	स	ढ	◌ी
श	भ	इ	ख	ग	◌ो	ल	व	◌ि	ज	◌्	ञ	◌ा	न
र	स	◌ा	य	न	श	◌ा	स	◌्	त	◌्	र	स	व

एनाटॉमी
पुरातत्व
खगोल विज्ञान
जीवविज्ञान
रसायनशास्त्र
पारिस्थितिकी
भूविज्ञान
इम्युनोलोजी
भाषा
न्यूरोलोजी
पोषण
फिजियोलोजी
मनोविज्ञान
रोबोटिक्स

37 - Science

र	ा	स	ा	य	न	ि	क	ग	व	श	ठ	ङ	भ
न	म	भ	ौ	त	ि	क	श	ा	स	्	त	्	र
ब	ि	र	ु	व	ा	ह	र	ू	ए	ट	म	व	म
स	द	फ	आ	फ	आ	ड	क	आ	ह	ध	व	ख	ा
ल	ग	ङ	क	न	ि	ञ	ा	ज	्	ै	व	य	व
ा	त	ि	क	ृ	र	्	प	ट	ख	छ	ए	भ	त
श	ट	म	े	इ	ल	ा	्	क	ा	ध	ई	ष	स
ा	ण	य	श	व	त	्	र	ु	ु	ग	ि	व	्
ग	च	भ	व	्	छ	र	य	घ	प	अ	ग	ि	ा
य	ष	ट	ग	उ	व	ट	ो	स	ठ	ण	क	क	व
ो	म	व	इ	ए	द	ा	ग	व	ञ	ु	अ	ा	ग
र	फ	ण	द	म	आ	इ	ी	ष	य	छ	श	स	ध
्	ग	द	न	ध	ष	ई	व	ज	ि	न	ख	य	ठ
प	र	ि	क	ल	्	प	न	ा	ञ	अ	ह	स	ई

एटम
रासायनिक
क्लाइमेट
डाटा
विकास
प्रयोग
वास्तवमा
जीवाश्म
गुरुत्व
परिकल्पना
प्रयोगशाला
विधि
खनिज
अणु
प्रकृति
कण
भौतिकशास्त्र
बिरुवाहरू
वैज्ञानिक

38 - Beauty

ई	छ	व	फ	ह	च	श	र	आ	ह	ण	आ	अ	ल
आ	न	◌ा	श	◌ो	प	ट	न	भ	च	त	च	अ	◌ि
श	ए	व	ल	क	ट	य	द	ह	ङ	भ	स	ठ	प
त	◌ै	द	फ	◌ा	क	◌ो	फ	स	स	द	र	ए	स
ण	द	म	ट	ङ	र	ठ	ज	ह	ए	ङ	व	य	◌्
च	ह	र	◌्	ए	◌्	ट	य	◌े	म	◌ि	र	र	ट
◌ी	ट	◌्	य	प	ल	स	च	ण	न	द	ञ	◌ू	◌ि
◌ं	छ	◌ा	ङ	ग	◌ू	ढ	घ	भ	छ	◌ि	स	ह	क
◌ै	ष	च	य	श	स	◌ु	ग	न	◌्	ध	क	व	स
क	स	◌्	म	◌े	ट	◌ि	क	◌्	स	प	व	◌ा	ढ
क	◌ा	ज	ल	ख	च	म	ई	छ	ठ	आ	म	◌े	थ
म	न	उ	ट	स	◌्	ल	◌ि	इ	ट	◌ा	◌्	स	घ
र	य	ह	छ	ग	स	ढ	म	च	ए	घ	श	ङ	ख
न	ग	इ	ह	प	क	ए	ए	ह	म	न	व	ध	भ

चार्म
रङ
कस्मेटिक्स
कर्ल
शान
सुगन्ध
लिपस्टिक
काजल
मिरर
फोटोजेनिक
कैंची
सेवाहरू
शैम्पू
छाला
स्टाइलिस्ट

39 - Clothes

म	स	व	न	च	व	ष	ण	प	न	स	प	स	ब
ट	च	श	आ	ट	न	फ	ए	ख	ए	◌्	न	◌्	◌्
ट	थ	भ	र	र	ए	ज	◌ू	त	◌ा	क	◌्	व	ल
ए	इ	ह	श	◌्	फ	छ	ट	र	थ	र	ज	◌े	◌ा
फ	त	छ	अ	फ	ट	◌ो	क	ध	भ	◌्	◌ा	ट	उ
व	◌े	उ	स	व	प	उ	◌े	ई	ध	ट	ठ	र	ज
स	द	स	य	स	ब	ङ	य	ढ	र	ध	छ	ट	ग
श	छ	ण	न	न	◌े	ढ	◌ा	न	◌ू	घ	श	इ	ख
न	आ	ण	च	र	ल	न	◌्	न	म	क	छ	अ	छ
प	◌ो	श	◌ा	क	◌्	द	ज	द	◌ा	अ	ज	ष	ढ
ग	ह	न	◌ा	आ	ट	प	र	ब	ल	ट	◌ी	र	ढ
च	प	◌्	प	ल	न	ए	ए	◌ा	ग	◌ो	न	प	ई
प	◌्	य	◌ा	न	◌्	ट	ञ	ल	प	प	◌्	क	ख
ङ	ष	प	ज	◌ा	म	◌ा	छ	◌ा	ङ	◌ी	स	ठ	उ

एप्रन
बेल्ट
ब्लाउज
बाला
कोट
पोशाक
फेसन
पन्जा
टोपी
ज्याकेट
जीन्स
गहना
पजामा
प्यान्ट
चप्पल
रूमाल
शर्ट
जूता
स्कर्ट
स्वेटर

40 - Ethics

च	प	ध	म	ण	त	फ	न	ढ	ध	न	इ	ह	न
म	ब	ु	द	्	ध	ि	ठ	ट	ै	ि	अ	इ	ठ
ठ	ा	ष	्	ि	न	ढ	अ	ई	र	र	ञ	म	ञ
म	य	न	ई	ई	ध	ई	इ	द	्	क	घ	ा	ख
ङ	द	श	व	व	स	ङ	त	स	य	्	उ	न	च
य	व	्	ग	त	्	ह	द	द	व	ष	क	द	द
थ	ा	र	र	ा	ा	य	य	क	श	र	स	ा	ई
ा	ा	द	ि	ण	य	च	क	ो	य	त	ढ	र	अ
र	श	उ	म	ु	ष	प	ध	्	ग	ा	ख	ी	उ
्	आ	स	ा	ष	ण	ढ	श	य	त	ख	व	छ	च
थ	त	म	व	्	स	प	आ	ण	च	ि	ख	श	ि
व	र	क	त	ि	न	ी	ट	ू	क	ह	व	क	त
ा	्	ट	उ	ह	ध	प	ग	ह	व	प	अ	ा	व
द	क	आ	ण	स	न	घ	ह	ट	इ	ठ	य	उ	द

निरक्षरता
सहयोग
गरिमा
कूटनीतिक
इमानदारी
मानवता
व्यक्तिवाद
निष्ठा
दया
आशावाद
धैर्य
दर्शन
तर्क
यथार्थवाद
उचित
सहिष्णुता
बुद्धि

41 - Astronomy

च	स	ग	◌्	य	◌ा	ल	◌े	क	◌्	स	◌ी	र	य
न	◌ु	फ	प	ङ	न	क	म	उ	व	र	थ	भ	घ
◌्	प	ङ	ह	ह	ग	क	आ	क	◌ा	श	ल	ख	घ
द	र	इ	क	र	◌्	ट	◌्	स	◌ौ	र	फ	ग	ए
◌्	न	स	घ	ग	र	◌े	व	ष	न	न	श	◌ो	स
र	◌ो	ए	र	◌्	ह	क	◌ी	त	त	व	◌ि	ल	◌्
म	भ	ष	च	र	ण	र	थ	छ	घ	◌्	◌ा	व	ट
◌ा	◌ा	ख	ष	द	र	ल	◌्	क	ग	द	र	◌ि	◌्
उ	व	उ	ल	◌्	क	◌ा	◌ृ	ग	ठ	ङ	ण	द	र
व	ट	न	ई	ष	◌ि	ब	प	म	आ	स	आ	◌्	◌ो
श	◌ि	उ	श	◌ु	◌ि	◌ु	उ	आ	आ	घ	न	प	न
◌्	अ	ष	ख	◌्	व	◌े	छ	म	फ	ई	ह	छ	ट
◌ि	श	ह	◌ु	क	श	न	ख	थ	श	त	ठ	ह	भ
व	ख	छ	ञ	व	व	◌े	ध	श	◌ा	ल	◌ा	अ	ष

क्षुद्रग्रह
एस्ट्रोनट
खगोलविद्
नक्षत्र
विश्व
पृथ्वी
ग्रहण
विषुव
ग्यालेक्सी
उल्का
चन्द्रमा
नेबुला
वेधशाला
ग्रह
विकिरण
रकेट
आकाश
सौर
सुपरनोभा
राशिफल

42 - Health and Wellness #2

ष	उ	ण	म	र	क	◌्	◌ं	स	ज	ऊ	ख	ए	थ
श	अ	भ	ठ	◌ा	◌ो	अ	प	ई	◌े	र	थ	न	ञ
अ	ह	व	भ	ह	द	ग	प	आ	न	◌्	त	◌ा	इ
अ	स	ई	◌ो	आ	द	ई	◌ु	प	◌े	ज	उ	ट	य
क	द	◌्	क	ढ	य	थ	न	◌ो	ट	◌ा	व	◌ॉ	थ
म	◌्	क	प	ष	ण	य	म	ष	◌ि	ह	अ	म	ठ
क	श	य	इ	त	ग	र	◌ि	ण	क	ञ	ध	◌ी	श
ग	ए	ए	◌ा	स	◌ा	उ	ट	थ	◌्	त	ढ	ख	ण
व	ज	न	फ	ल	त	ल	◌ा	थ	स	◌्	व	◌्	स
प	क	भ	स	ट	◌ो	आ	◌ि	म	स	◌ा	ज	क	य
ञ	ष	ख	र	व	क	र	भ	भ	क	ञ	ष	आ	अ
र	छ	आ	स	◌ा	फ	ज	◌ी	◌्	र	ल	ए	य	य
आ	छ	फ	ख	न	◌ि	र	◌्	ज	ल	◌ी	क	र	ण
ढ	ग	त	प	त	अ	द	आ	फ	ध	श	प	स	ग

एलर्जी
एनाटॉमी
भोक
रगत
क्यालोरी
निर्जलीकरण
आहार
रोग
ऊर्जा
जेनेटिक्स

स्वस्थ
अस्पताल
सरसफाइ
संक्रमण
मसाज
पोषण
पुन
तनाव
भिटामिन
वजन

43 - Time

प	द	श	क	ञ	ख	म	व	ट	ख	प	घ	व	प
फ	ह	स	व	च	ज	◌ो	◌ि	ह	स	छ	ण	र	◌्
ख	च	◌ि	ई	व	ध	च	छ	न	त	ढ	◌्	◌्	र
भ	न	उ	ल	घ	उ	य	र	◌ि	◌े	भ	ट	ष	◌ा
ठ	द	स	◌े	◌े	आ	व	द	द	ए	ट	◌ा	त	र
र	व	न	◌ि	अ	म	म	भ	छ	ढ	न	आ	ण	म
घ	◌ा	ञ	ह	घ	छ	थ	ह	श	ण	ड	ब	न	◌्
प	र	न	अ	व	छ	इ	भ	◌ि	घ	◌ै	◌ि	श	भ
◌ा	◌्	भ	व	◌ि	ष	◌्	य	य	न	◌ँ	ह	त	◌ि
त	ष	फ	म	ए	ग	आ	न	ए	ट	◌ा	◌ा	◌ा	क
◌्	◌ि	ग	आ	घ	श	ट	अ	घ	न	च	न	ब	आ
र	क	च	ज	र	म	घ	ख	स	ष	ई	ङ	◌्	व
◌ो	घ	ड	◌ी	◌ा	ठ	ष	श	ठ	आ	फ	इ	द	थ
ठ	श	श	भ	त	◌ा	◌्	प	ह	न	ग	ई	◌ी	ञ

वार्षिक
पहिले
पात्रो
शताब्दी
घडी
दिन
दशक
प्रारम्भिक
भविष्य
घण्टा

मिनेट
महिना
बिहान
रात
अहिले
चाँडै
आज
हप्ता
वर्ष
हिजो

44 - Buildings

ई	क	◌ा	र	ख	◌ा	न	◌ा	ग	ञ	न	ठ	थ	स
उ	ञ	फ	व	ई	ट	र	ब	न	थ	ट	ख	◌ि	◌ु
त	त	ए	◌ि	च	छ	ए	च	◌ि	उ	य	छ	ए	प
व	प	प	द	ए	य	ग	म	ग	य	ढ	य	ट	र
◌े	ध	फ	◌्	अ	ल	त	ल	ढ	ञ	◌ा	छ	र	म
ध	ल	त	य	श	ह	ई	◌ा	त	स	ल	◌्	र	◌ा
श	ट	छ	◌ा	ध	◌ा	स	श	ई	ल	त	स	क	र
◌ा	◌ो	द	ल	न	र	◌्	◌ा	ब	ट	◌ा	व	र	◌्
ल	ह	म	य	स	ग	ट	ग	इ	स	प	◌ा	थ	क
◌ा	य	◌ा	भ	व	◌्	◌े	य	प	◌्	◌्	त	इ	◌े
ए	ढ	न	प	च	◌ं	ड	◌ो	ग	◌ो	स	◌ा	फ	ट
क	ट	◌े	ङ	◌ा	स	◌ि	र	ए	ह	अ	◌ू	ह	त
ङ	ग	◌ि	द	ए	ल	य	◌्	व	न	अ	द	घ	आ
श	स	स	घ	स	द	म	प	ट	ग	छ	आ	ग	च

बार्न
क्याबिन
महल
सिनेमा
दूतावास
कारखाना
अस्पताल
होस्टल
होटल
प्रयोगशाला
संग्रहालय
वेधशाला
विद्यालय
स्टेडियम्
सुपरमार्केट
पाल
थिएटर
टावर

45 - Philanthropy

द	आ	न	म	द	य	क	ए	द	स	म	◌ू	ह	उ
य	र	छ	म	◌ा	न	य	व	ठ	म	घ	भ	आ	द
न	त	ङ	य	क	न	अ	ढ	प	◌ा	क	स	व	◌ा
स	ङ	ख	◌ु	न	श	व	ग	ण	न	उ	स	श	र
ह	म	द	व	◌ि	◌ि	त	त	◌्	◌ि	व	म	◌्	त
◌ा	उ	◌्	◌ा	ज	म	इ	ठ	◌ा	स	ह	◌ु	य	◌ा
◌ि	द	फ	प	व	र	ई	थ	त	ह	ख	द	क	प
त	ध	ए	आ	र	क	ह	प	र	र	ष	◌ा	य	ठ
इ	ठ	य	ष	◌्	◌्	क	ल	श	◌ू	ट	य	इ	ध
ग	स	र	◌ो	◌ा	य	क	भ	ट	च	फ	द	थ	फ
आ	ई	न	क	स	र	◌ू	ह	त	◌ी	न	◌ौ	◌ु	च
च	च	र	च	ग	◌्	र	ट	र	फ	य	ट	ख	न
इ	म	◌ा	न	द	◌ा	र	◌ी	क	◌ू	क	द	अ	ढ
ङ	व	क	आ	च	क	य	य	म	ई	ञ	ष	इ	त

चुनौतीहरू
समुदाय
सम्पर्कहरू
वित्त
कोष
उदारता
लक्ष्य
समूह
इतिहास
इमानदारी
मानवता
मिशन
आवश्यक
मानिसहरू
कार्यक्रम
सार्वजनिक
युवा

46 - Herbalism

स	ङ	म	आ	ल	◌ू	फ	ध	र	ई	न	ढ	च	प
◌्	त	फ	◌ं	◌ौ	स	ए	न	ड	द	छ	आ	आ	◌ु
व	र	भ	य	स	प	◌ु	य	न	ल	न	ञ	घ	द
◌ा	प	क	प	व	ण	◌ा	न	◌्	◌ा	फ	त	प	◌ि
द	आ	ग	च	◌्	ए	च	क	भ	भ	त	ध	र	न
उ	ख	◌ु	भ	श	ल	घ	त	◌े	द	◌ु	◌ि	◌ी	◌ा
ई	ट	ण	ङ	म	ट	◌ा	र	य	◌ा	ल	न	म	श
अ	स	स	ह	ए	ई	इ	न	◌ा	य	स	◌्	◌े	ग
द	व	◌्	ह	र	◌ि	य	◌ो	◌्	क	◌ी	ग	ज	ढ
प	ख	त	ठ	च	फ	ध	च	ल	ट	र	◌ु	◌ो	य
फ	य	र	क	◌ु	ठ	र	◌ा	ग	क	◌े	स	र	भ
ओ	र	◌े	ग	◌ा	न	◌ो	◌ै	त	◌ा	र	◌ा	ग	न
न	ग	त	◌ा	उ	न	आ	ग	ण	ष	ष	ख	श	ध
क	ढ	उ	स	य	म	ण	ब	घ	ञ	इ	ह	छ	उ

सुगन्धित
तुलसी
लाभदायक
पाक
सौंफ
स्वाद
फूल
बगैचा
लसुन
हरियो

ल्याभेन्डर
कुठरा
पुदिना
ओरेगानो
साग
प्लान्ट
गुणस्तर
रोजमेरी
केसर
तारागन

47 - Vehicles

ख	स	ब	ख	श	य	न	छ	ट	क	प	इ	ष	फ
ट	न	त	च	ढ	न	ज	◌ि	◌्	न	इ	म	ध	द
स	◌्	म	◌ो	ट	र	त	इ	य	भ	ङ	ण	ष	ड
द	ल	र	स	◌ा	इ	क	ल	◌ा	◌ा	थ	ष	उ	◌ु
थ	◌े	ट	◌े	ङ	ठ	म	ठ	क	र	◌्	ट	त	ङ
उ	ब	क	र	न	क	◌ा	र	◌्	◌ा	ञ	ष	द	◌्
त	◌ु	◌्	य	क	र	म	स	स	क	व	भ	प	ग
ढ	◌्	य	त	ए	◌े	य	ग	◌ी	ट	◌ा	य	र	◌ा
ठ	म	◌ा	स	स	च	ट	फ	अ	आ	ङ	इ	भ	च
ङ	य	र	◌्	इ	य	उ	◌े	व	ब	स	ह	ट	भ
ग	उ	◌्	क	ट	प	◌ा	र	इ	द	भ	च	अ	ठ
च	ख	◌्	◌ु	ष	व	ब	◌ी	ब	◌्	◌ु	ड	न	प
र	प	ट	ट	ह	◌े	ल	◌ि	क	◌ो	प	◌्	ट	र
आ	ह	ङ	र	ट	ञ	ग	च	स	ग	ख	ध	ह	ढ

यम्बुलेन्स
साइकल
डुङ्गा
बस
कार
कारभान
इन्जिन
फेरी
हेलिकोप्टर
मोटर
रापट
रकेट
स्कुटर
पनडुब्बी
सबवे
ट्याक्सी
टायर
ट्र्याक्टर
ट्रेन
ट्रक

48 - Flowers

स	ह	ध	ठ	र	ह	घ	ब	क	◌ा	इ	न	ल	अ
स	◌ू	र	◌्	य	म	◌ु	ख	◌ी	थ	ई	ह	◌्	र
म	क	ख	व	ह	ई	ञ	ध	प	इ	आ	म	य	◌्
य	◌ा	र	◌ि	म	◌े	ल	◌ु	◌्	प	◌ो	प	◌ा	क
◌ा	ठ	त	ज	ग	घ	क	आ	य	स	ख	ह	भ	◌ि
न	त	ध	◌ी	छ	◌ा	च	◌्	◌ु	ग	ञ	ष	◌े	ड
◌ि	इ	इ	◌े	ञ	व	ङ	भ	ल	ग	स	ङ	न	उ
ड	न	◌्	ड	◌े	ल	◌ि	य	न	◌ो	स	न	◌्	न
◌े	अ	ख	द	इ	द	ल	◌ि	ल	◌ी	भ	ख	ड	ठ
र	ष	ए	थ	त	क	अ	क	ध	ढ	आ	र	र	व
◌्	ञ	र	र	ख	◌ो	ज	स	◌्	म	◌ि	न	न	श
◌ा	अ	ञ	य	◌ा	ल	◌ि	न	◌ो	ग	◌ै	म	त	आ
ग	ञ	आ	त	प	◌ू	य	अ	ढ	छ	ई	ण	ए	श
इ	म	क	ह	उ	फ	ह	◌ि	ब	◌ि	स	◌्	क	स

गुच्छा
क्लोभर
डेजी
डन्डेलियन
गार्डेनिया
हिबिस्कस
जस्मिन
ल्याभेन्डर
बकाइन
लिली
मैगनोलिया
अर्किड
फूलको दल
प्लुमेरिया
पोप
सूर्यमुखी

49 - Health and Wellness #1

म	र	च	क	◌्	य	◌ा	र	◌्	◌्	फ	थ	स	ट
◌ा	न	म	◌ो	◌्	र	ह	य	द	ठ	फ	ग	क	ष
◌ं	ठ	घ	भ	ब	ल	ढ	ञ	ठ	ध	ङ	ख	◌्	ठ
स	फ	द	त	र	◌ा	◌ि	आ	ट	ञ	ह	ढ	र	ह
प	◌ा	ए	व	स	ई	न	न	उ	च	◌ा	इ	◌ि	ड
◌े	र	ए	◌ि	म	ई	र	◌ी	◌ि	औ	ट	आ	य	◌्
श	◌्	ड	श	उ	प	च	◌ा	र	क	ष	व	क	ड
◌ी	म	◌ा	◌्	थ	◌े	र	◌ा	प	◌ी	आ	ध	ण	◌ी
ह	◌े	क	र	क	छ	ष	उ	फ	थ	म	द	◌ी	ह
र	स	◌्	◌ा	र	◌ि	फ	◌्	ल	◌े	क	◌्	स	र
◌ू	◌ी	ट	म	इ	च	द	स	न	ए	ई	य	र	◌ू
ङ	उ	र	छ	ङ	◌ो	ङ	अ	घ	य	ट	ह	इ	भ
छ	◌ा	ल	◌ा	च	ट	द	च	स	ग	न	उ	◌ा	त
ब	◌्	य	◌ा	क	◌्	ट	◌े	र	◌ि	य	◌ा	भ	म

सक्रिय
ब्याक्टेरिया
हड्डीहरू
क्लिनिक
डाक्टर
फ्र्याक्चर
बानी
उचाइ
हर्मोन
भोक
चोट
औषधी
मांसपेशीहरू
फार्मेसी
रिफ्लेक्स
विश्राम
छाला
थेरापी
उपचार
भाइरस

50 - Town

ज	ब	फ	ट	स	ढ	व	न	र	ध	च	द	फ	थ
◌ु	◌ै	अ	ए	स	य	◌ि	ध	श	थ	इ	ञ	प	◌ि
व	◌ं	क	ञ	प	अ	म	ग	घ	ण	उ	ङ	य	ए
◌ा	क	र	◌ी	ल	य	◌ा	◌्	ग	ध	म	द	व	ट
भ	ञ	श	ट	व	क	न	◌ि	ल	◌ि	◌्	क	प	र
ब	◌े	क	र	◌ी	ए	स	न	ब	ज	◌ा	र	द	फ
स	फ	थ	य	ट	स	◌्	र	◌ि	ल	◌ो	◌्	फ	भ
ह	◌्	◌ा	य	ल	छ	थ	ण	य	त	ग	ञ	थ	अ
◌ो	फ	ट	र	प	य	ल	क	◌ा	त	स	◌्	◌ु	प
ट	य	ढ	◌े	◌्	ख	◌ा	स	◌ि	न	◌े	म	◌ा	छ
ल	ख	अ	ध	ड	म	ख	द	इ	ई	श	भ	श	ञ
छ	ट	आ	न	घ	◌ि	◌े	ट	◌्	ष	ए	य	ङ	च
घ	म	न	ध	क	ङ	य	स	म	◌ि	र	उ	ण	घ
स	◌्	ट	◌ो	र	आ	थ	म	◌ी	ङ	व	ई	य	श

विमानस्थल
बेकरी
बैंक
सिनेमा
क्लिनिक
फ्लोरिस्ट
ग्यालरी
होटल
पुस्तकालय
बजार
फार्मेसी
विद्यालय
स्टेडियम
स्टोर
थिएटर
जुवा

51 - Antarctica

ट	उ	त	स	ठ	भ	द	ई	म	ख	अ	ए	श	ह
प	◌ो	श	च	ह	ण	घ	ढ	ह	ख	ख	द	म	न
◌ा	म	प	र	ण	त	◌ि	ज	◌ा	र	◌्	प	ज	द
न	इ	ख	◌ो	ढ	र	◌ू	ह	द	◌ी	न	म	◌ि	ह
◌ी	च	अ	श	ग	ण	ष	क	◌्	र	◌ं	स	न	ह
ई	श	अ	ठ	न	◌्	थ	त	व	घ	थ	घ	ख	व
त	◌ा	प	म	◌ा	न	र	य	◌ी	स	न	व	इ	◌ै
स	ख	म	क	ढ	आ	आ	◌ा	प	क	फ	◌ा	ष	ज
भ	ए	आ	ब	ठ	ग	अ	ग	फ	म	र	त	ट	◌्
◌ो	◌ू	न	◌े	भ	छ	ए	इ	र	◌ी	ए	◌ा	त	ञ
क	न	ग	फ	य	फ	य	छ	ब	थ	ञ	व	फ	◌ा
ण	द	ञ	◌ो	ख	र	म	च	व	ए	ख	र	थ	न
स	द	ठ	म	ल	द	◌ा	ब	घ	भ	ख	ण	त	◌ि
ट	प	◌े	न	◌ि	न	स	◌ु	ल	◌ा	घ	आ	ट	क

बे
बादल
संरक्षण
महाद्वीप
कोभ
वातावरण
भूगोल
हिमनदीहरू
बरफ
खनिज
पेनिनसुला
रकी
वैज्ञानिक
प्रजाति
तापमान
टोपोग्राफी
पानी

52 - Human Body

घ	ञ	य	ञ	ण	प	ए	क	थ	न	ई	घ	च	ग
व	स	अ	च	ट	ञ	आ	ट	ह	श	ब	ह	◌ि	च
म	ख	घ	◌ि	ए	ठ	ष	क	ड	◌ा	◌ो	ग	ब	ट
त	प	◌ा	न	श	म	ग	फ	◌्	ङ	◌्	ढ	◌ु	उ
क	ध	◌ँ	◌ा	क	ग	य	घ	ड	ह	ल	छ	क	त
छ	फ	ट	घ	ल	◌े	ग	स	◌ी	ठ	ए	प	ठ	क
फ	र	◌ी	ट	श	ङ	अ	च	ह	स	ग	छ	प	म
ण	ह	त	आ	प	ए	न	क	र	ह	◌ा	◌ु	न	अ
म	औ	द	फ	ण	अ	◌ा	भ	◌ू	ठ	छ	ढ	ओ	ठ
य	◌ु	◌ं	अ	व	भ	क	ष	◌्	त	◌ि	◌्	स	म
ह	ख	ख	ल	थ	घ	◌ु	◌ँ	ड	◌ा	ग	उ	ह	ठ
छ	◌ा	ल	◌ा	◌ा	ए	द	ग	ठ	ह	ण	र	◌े	अ
य	ङ	फ	र	क	ङ	द	क	थ	घ	ग	च	ड	उ
उ	न	थ	क	म	क	व	छ	घ	उ	फ	ण	थ	व

घुँडा
रगत
हड्डीहरू
मस्तिष्क
चिन
कान
एल्बो
अनुहार
औंला
हात
हेड
चिबुक
गोडा
लेग
ओठ
मुख
घाँटी
नाक
काँध
छाला

53 - Musical Instruments

स	ख	ञ	ट	ग	र	स	ए	न	स	◌ु	◌ा	ब	प
ह	ठ	इ	र	ग	◌ि	ठ	न	ए	◌े	ख	भ	ण	◌ि
न	ब	◌ो	म	र	◌्	ट	ग	ज	ल	अ	इ	च	य
◌ा	त	ब	म	ग	श	ग	◌ा	व	◌ो	ध	ग	घ	◌ा
ई	◌ु	ओ	स	ई	स	थ	ध	र	ग	न	ङ	व	न
र	र	म	न	◌्	ड	◌ो	ल	◌ि	न	व	◌्	ण	◌ो
छ	ह	ब	◌ा	◌ँ	स	◌ु	र	◌ी	म	द	◌ो	◌ा	थ
ट	◌ी	घ	ट	म	◌्	ब	◌ो	र	◌ि	न	ग	◌ी	ब
व	◌ा	य	ल	◌ि	न	ग	स	ट	त	ठ	र	व	प
म	◌ा	र	◌ि	म	◌्	ब	◌ा	ञ	क	य	स	ङ	फ
र	द	श	ई	क	ए	द	त	क	ह	◌्	छ	ञ	श
◌्	स	◌्	य	◌ा	क	◌्	स	फ	◌ो	न	क	ष	न
ड	ठ	म	ङ	च	ण	ख	ष	थ	न	ग	ए	र	ए
स	ए	भ	स	श	ग	य	ढ	ट	ए	आ	ण	च	ह

बान्जो
बासुन
सेलो
सहनाई
ड्रम
बाँसुरी
गोङ्ग
गिटार
वीणा
मन्डोलिन
मारिम्बा
ओबोइ
टक्कर
पियानो
स्याक्सफोन
टम्बोरिन
ट्रमबोन
तुरही
वायलिन

54 - Fruit

ए	र	क	इ	ष	ढ	ञ	स	न	ा	न	अ	उ	घ
भ	ा	ए	द	प	ए	ट	ु	र	न	ख	ई	ए	श
ो	स	ह	ष	ण	ध	ब	न	ज	ा	ु	ब	र	ख
क	्	न	घ	त	व	्	्	ी	ई	ल	प	प	य
ा	प	र	च	ी	ि	ल	त	ं	ब	ा	ए	व	न
ड	ब	ि	त	आ	ट	्	ल	अ	ा	ा	ई	श	फ
ो	े	व	ग	व	म	य	ा	प	्	उ	ू	न	थ
ठ	र	ल	ढ	ा	आ	ा	घ	न	म	े	ल	ख	उ
क	ी	र	ा	े	क	क	व	स	अ	स	ई	च	फ
ब	े	र	ी	म	ग	ब	ङ	ख	स	ङ	प	न	उ
छ	ए	ठ	श	े	म	े	च	व	स	ञ	घ	अ	व
च	थ	म	न	छ	च	र	र	ष	त	स	श	ह	ढ
थ	स	्	य	ा	ऊ	ी	ट	फ	घ	उ	न	द	ग
न	ा	स	प	ा	त	ी	ख	ढ	फ	थ	ष	ङ	आ

स्याऊ
खूबानी
एभोकाडो
केरा
बेरी
ब्ल्याकबेरी
चेरी
नरिवल
अंजीर
खुला
अम्बा
लेमन
लिची
आम
खरबुजा
सुन्तला
मेवा
नासपाती
अनानस
रास्पबेरी

55 - Virtues #1

घ	भ	अ	र	त	स	◌्	व	श	◌्	◌ि	व	ग	प
ट	उ	क	◌ा	अ	◌ु	फ	ब	आ	प	ख	इ	ह	उ
द	ष	क	म	व	ञ	ढ	◌ा	◌ि	क	व	◌ु	◌ा	भ
न	स	र	◌्	क	◌ा	म	ठ	द	र	र	र	ष	य
ई	प	◌ि	र	◌ु	ज	ङ	ठ	घ	ह	◌ा	◌्	व	य
छ	अ	ह	◌ो	श	◌्	भ	ए	घ	ट	र	म	ष	श
उ	द	◌ा	र	ल	◌ि	र	म	श	ट	द	इ	◌ी	क
ढ	क	व	त	म	ज	प	उ	प	य	◌ो	ग	◌ी	य
ट	म	य	ञ	व	च	र	ध	ढ	त	स	भ	क	ण
घ	त	◌ा	त	र	त	◌्	न	◌्	त	व	◌्	स	◌ा
च	◌्	◌्	भ	ए	य	द	ढ	ङ	द	य	ढ	ह	र
श	◌ा	व	त	र	त	◌ो	ग	उ	घ	आ	श	ष	◌्
क	ल	◌्	प	न	◌ा	श	◌ी	ल	च	त	त	थ	◌ि
ठ	क	ब	◌ु	द	◌्	ध	◌ि	म	◌ा	न	◌ी	छ	न

कलात्मक
आकर्षक
सफा
विश्वस्त
जिज्ञासु
निर्णायक
कुशल
उदार
राम्रो
उपयोगी
कल्पनाशील
स्वतन्त्र
भावुक
बिरामी
व्यावहारिक
भरपर्दो
बुद्धिमानी

56 - Engineering

श	ठ	ए	ष	ग	र	ह	ण	र	त	◌ि	व	स	इ
क	उ	ङ	◌्	क	व	न	ह	ख	र	र	भ	◌्	न
◌्	व	स	क	र	ढ	◌ि	ध	भ	ल	त	म	थ	◌्
त	ध	ग	अ	◌ो	व	र	फ	ग	ङ	◌्	ढ	◌ि	ज
◌ि	भ	न	ग	इ	ण	◌्	म	ण	भ	च	ध	र	◌ि
ग	ह	◌ि	र	◌ा	ई	म	र	न	च	◌ि	ए	त	न
म	◌ो	ट	र	य	घ	◌ा	उ	◌ा	प	ख	ख	◌ा	ञ
ट	ह	न	र	क	◌े	ण	न	त	स	◌ा	भ	ग	ट
ड	छ	ह	◌ू	छ	अ	ग	ह	ट	ह	◌े	म	च	द
◌ि	ङ	श	ह	ख	न	स	ल	◌्	प	र	◌ो	◌्	प
ज	◌ा	◌्	र	ऊ	ट	य	ढ	ठ	ध	न	फ	इ	क
◌े	क	ठ	भ	उ	आ	◌ा	आ	य	आ	अ	म	फ	च
ल	ग	प	◌ी	ई	प	◌्	स	◌ं	र	च	न	◌ा	द
न	क	ख	ल	ठ	र	व	फ	प	ण	ठ	श	क	आ

कोण
अक्ष
गणना
निर्माण
गहिराई
रेखाचित्र
व्यास
डिजेल
वितरण
ऊर्जा
इन्जिन
गेयर
लीभरहरू
तरल
मापन
मोटर
प्रोपल्सन
स्थिरता
शक्ति
संरचना

57 - Kitchen

न	न	फ	च	म	◌्	म	च	न	ष	ह	ब	घ	ठ
◌्	ह	◌्	अ	क	ञ	द	स	ह	◌ी	र	◌ा	◌ु	स
य	घ	र	ह	भ	◌्	ए	प	◌्	र	न	उ	फ	ढ
◌ा	ध	◌ी	ए	ङ	न	क	ओ	श	र	◌ा	ल	थ	फ
प	क	ज	ष	ग	ढ	व	◌ु	भ	घ	◌ा	भ	द	◌्
क	ट	र	ग	प	ए	ट	ढ	अ	न	ख	भ	ढ	र
◌ि	◌ि	ग	फ	◌ो	र	◌्	क	◌्	स	भ	म	व	◌ि
न	◌्	ञ	◌्	स	◌्	प	न	◌्	ज	य	स	घ	ज
ञ	स	आ	ठ	र	र	◌े	स	◌ि	प	◌ी	ल	ख	ङ
उ	प	आ	इ	द	◌ि	प	द	उ	र	ख	◌ा	ग	ह
न	च	ण	अ	स	ट	ल	द	थ	ञ	क	व	भ	ए
ई	प	फ	य	ह	क	घ	त	श	म	ई	म	ए	ण
ट	ग	फ	ण	च	द	इ	अ	य	प	श	र	छ	फ
ह	ठ	श	ई	त	ष	श	स	ह	ध	घ	घ	द	ए

एप्रन
बाउल
चपस्टिक
कप
खाना
फोर्क्स
फ्रीजर
ग्रिल
सुराही
चक्कु
न्यापकिन
ओभन
रेसिपी
फ्रिज
मसला
स्पन्ज
चम्मच

58 - Government

श	◌ा	न	◌्	त	◌ि	प	◌ू	र	◌्	ण	क	प	ध
फ	ण	छ	ल	फ	ल	◌ा	ल	◌्	◌ि	ज	र	ठ	भ
क	ष	भ	न	ठ	त	◌ा	क	र	◌ि	ग	◌ा	न	म
त	◌ा	र	त	◌्	न	◌्	त	व	◌्	स	ष	फ	फ
र	भ	न	छ	स	◌ि	भ	◌ि	ल	र	ण	◌्	थ	ठ
ढ	◌ा	द	◌ु	र	◌ा	ज	न	◌ी	त	◌ि	ट	ठ	ष
स	अ	ष	प	न	क	र	म	◌ा	◌्	स	◌्	प	स
श	◌ं	छ	◌्	ढ	ख	थ	ह	ञ	न	स	र	इ	च
अ	म	व	फ	ट	थ	ख	द	ए	◌्	म	य	म	आ
ङ	स	न	◌ि	त	◌्	च	ण	श	त	◌ा	य	उ	ठ
अ	क	ङ	ञ	ध	ञ	र	घ	छ	क	न	य	ई	व
क	च	य	ज	◌्	◌ा	र	◌ि	ध	◌ो	त	◌ा	◌े	न
प	◌्	र	त	◌ी	क	न	म	य	ल	◌ा	◌्	थ	ध
न	◌्	य	◌ा	य	◌ि	क	ट	ङ	छ	ए	न	स	ञ

नागरिकता
सिभिल
संविधान
लोकतन्त्र
छलफल
जिल्ला
समानता
न्यायिक
न्याय
कानुन
नेता
स्वतन्त्रता
स्मारक
राष्ट्र
राष्ट्रिय
शान्तिपूर्ण
राजनीति
भाषण
राज्य
प्रतीक

59 - Science Fiction

श	व	र	ध	द	फ	प	श	ड	ण	ख	र	क	क
ा	ि	म	व	म	ा	न	े	ि	स	ङ	फ	इ	ा
न	श	ध	र	ू	ह	क	त	स	्	ु	प	ध	ल
द	्	प	ढ	स	श	घ	ङ	्	ग	ख	स	य	्
ा	व	छ	आ	ी	म	द	त	ट	भ	्	र	म	प
र	अ	य	स	क	ध	ए	श	ो	च	थ	थ	य	न
भ	आ	ग	क	्	ि	आ	अ	प	न	र	ट	्	ि
ए	ट	उ	थ	ल	व	द	ह	ि	च	म	म	स	क
त	फ	ई	ढ	े	ि	प	न	य	ा	स	र	ह	छ
ङ	ो	ग	आ	य	र	व	्	ा	व	ब	य	र	थ
च	स	ङ	घ	ा	्	श	ख	न	थ	ध	ज	च	ढ
ग	्	र	ह	्	प	ष	च	च	ल	प	छ	े	द
व	ि	प	द	ग	च	द	द	ट	ब	ो	ो	र	ट
भ	व	ि	ष	्	य	व	ा	द	ी	क	क	च	ग

पुस्तकहरू
रसायन
सिनेमा
डिस्टोपिया
विस्फोट
चरम
शानदार
आगो
भविष्यवादी
ग्यालेक्सी
भ्रम
काल्पनिक
रहस्यमय
बजेट
ग्रह
रोबोट
प्रविधि
स्वप्नलोक
विश्व

60 - Geometry

च	ञ	स	अ	ङ	म	ह	ढ	म	र	ढ	च	च	ञ
ट	त	◌ि	◌ि	म	म	स	ग	औ	ध	उ	ज	ध	ण
उ	भ	द	क	◌ो	ण	ञ	आ	स	इ	फ	भ	च	घ
व	ट	◌्	छ	प	ढ	घ	थ	त	प	◌ा	◌ु	न	अ
◌्	न	ध	उ	ट	इ	ण	क	स	ण	अ	र	प	ह
य	प	◌ा	च	म	प	ञ	ए	त	इ	ट	◌ि	घ	इ
◌ा	ट	न	◌ा	श	ष	च	न	स	◌े	त	◌्	ण	अ
स	व	◌्	इ	व	ठ	थ	ञ	क	◌्	र	त	ई	ट
आ	र	त	स	ञ	छ	प	द	थ	ञ	ग	◌्	ठ	छ
म	◌्	र	त	न	◌्	न	◌ा	◌ा	म	स	ण	स	ख
ख	ग	क	ह	स	म	◌ी	क	र	ण	द	ञ	न	◌ो
ख	ण	◌्	ड	थ	◌ा	ण	छ	ञ	व	क	◌्	र	◌ा
ख	ष	ङ	ध	य	य	म	ठ	◌ा	ड	◌ो	ढ	स	ख
ञ	ह	च	ठ	न	आ	ष	उ	न	ए	प	क	द	उ

कोण
गणना
वक्र
व्यास
आयाम
समीकरण
उचाइ
तेर्सो
तर्क
मास

औसत
समानान्तर
अनुपात
खण्ड
वर्ग
सतह
सममिति
सिद्धान्त
त्रिभुज
ठाडो

61 - Creativity

द	भ	स	द	त	◌ा	क	ण	ि◌	म	◌ा	र	◌्	प
र	◌ा	◌्	च	◌ा	ण	ल	ट	म	ध	ण	न	य	इ
◌्	व	प	त	र	ण	◌ा	न	◌ा	ट	क	◌ी	य	ई
श	न	ष	◌ा	व	इ	त	र	स	य	घ	ङ	ट	आ
न	◌ा	◌्	त	◌्	ठ	◌्	ख	र	ह	फ	फ	त	र
त	ह	ट	न	◌ी	ई	म	च	ई	◌े	ज	अ	ि◌	श
भ	र	त	◌्	त	ि◌	क	◌्	य	व	◌्	ि◌	भ	अ
क	◌ू	◌ा	व	ई	म	ष	ख	र	छ	च	प	◌ू	श
ङ	ल	श	◌ी	र	क	◌ा	ष	◌्	ि◌	व	आ	◌ु	ह
म	ह	◌्	ज	य	थ	छ	अ	न	घ	य	थ	न	द
ठ	स	फ	प	आ	ञ	न	ख	व	ण	इ	ए	अ	स
भ	श	ङ	उ	न	म	स	छ	व	ि◌	ङ	श	च	श
ध	स	ष	र	क	◌ा	व	ि◌	च	◌ा	र	भ	इ	श
ट	ई	म	स	इ	त	क	उ	र	व	त	त	ष	श

कलात्मक
प्रमाणिकता
स्पष्टता
नाटकीय
भावनाहरू
अभिव्यक्ति
विचार
छवि
कल्पना
प्रेरणा
तीव्रता
आविष्कारशील
अनुभूति
सहज
दर्शन
जीवन्तता

62 - Airplanes

क	ण	भ	ङ	ध	ढ	च	उ	फ	ख	श	ङ	ग	न
य	इ	भ	न	द	प	न	च	ग	र	थ	म	थ	प
फ	घ	ख	श	य	क	ख	◌ा	स	ढ	भ	ठ	इ	◌्
ए	ष	ष	क	इ	ह	प	इ	फ	क	र	ढ	अ	र
र	य	व	इ	न	◌्	ज	◌ि	न	ष	ख	न	व	◌ो
स	ह	◌ा	◌ि	त	इ	स	ए	त	व	घ	स	त	प
आ	च	◌ा	त	भ	ङ	इ	न	◌्	ध	न	◌ा	र	◌े
क	भ	ह	त	◌्	ख	त	इ	थ	स	ल	ह	ण	ल
◌ा	अ	आ	ए	भ	र	ह	ज	त	छ	◌ु	स	म	र
श	उ	ट	म	व	ख	◌ी	◌ा	छ	इ	◌े	◌ि	◌ा	ह
उ	भ	य	◌ा	न	क	छ	◌ि	घ	घ	ब	क	र	र
म	म	क	ल	◌ा	च	ट	ड	द	◌ि	श	◌ा	◌्	◌ू
ढ	ए	स	◌े	न	र	व	उ	द	◌्	ग	म	◌ि	म
ह	◌ा	इ	ड	◌्	र	◌ो	ज	न	क	ष	छ	न	न

साहसिक
हावा
एमाले
बेलुन
निर्माण
चालक
उद्गम
डिजाइन
दिशा
इन्जिन
इन्धन
उचाइ
इतिहास
हाइड्रोजन
अवतरण
यात्री
प्रोपेलरहरू
आकाश

63 - Ocean

ई	न	ज	न	घ	ए	ण	ख	छ	य	झ	म	आ	ष
ल	व	े	्	ह	ङ	फ	श	छ	फ	ी	द	भ	ह
ए	भ	ल	फ	अ	क	र	्	ा	श	ं	व	ग	य
ट	ष	ी	ट	न	ङ	ो	उ	ा	ञ	ग	त	व	ई
स	श	फ	र	ा	प	र	र	म	छ	ा	व	च	ष
द	न	ि	ट	ु	ट	व	ष	ल	आ	ँ	ध	ी	प
आ	र	स	ख	ट	स	ा	क	छ	ु	व	ा	स	अ
प	ञ	प	ग	ा	ङ	्	ु	ड	ई	ई	म	थ	ढ
प	इ	ट	ण	ग	ह	ज	प	ई	आ	ई	आ	ई	त
घ	ख	ो	न	ं	छ	ख	ी	न	थ	म	ए	ष	छ
ह	ई	्	न	ग	ण	ह	ि	द	्	अ	ख	ल	य
ण	म	क	ु	ह	ई	उ	स	थ	प	ज	भ	व	च
ढ	ञ	अ	न	ञ	ढ	ड	ल	्	फ	ि	न	अ	त
उ	य	न	ठ	त	ह	घ	त	म	ध	च	ख	ण	फ

डुङ्गा
कोरल
गंगटा
डल्फिन
ई ई एल
माछा
जेलीफिस
अक्टोपस
सिपी
नुन
शार्क
झींगा
स्पन्ज
आँधी
ज्वार
टुना
कछुवा
ह्वेल

64 - Force and Gravity

ञ	क	ख	ष	ई	ठ	घ	ह	आ	ए	उ	स	भ	ख
स	े	भ	श	न	श	च	र	ठ	द	ठ	ई	ौ	ग
त	न	ज	व	ई	ध	द	स	्	उ	द	न	त	ञ
ङ	्	ख	प	्	र	भ	ा	व	ष	ष	ग	ि	ष
र	द	ष	ो	स	द	थ	इ	ञ	द	ण	त	क	ण
अ	्	स	भ	ज	म	छ	ए	आ	ू	घ	ि	श	द
प	र	त	्	न	्	य	ं	स	र	आ	श	ा	ब
ष	द	त	ए	य	प	ख	क	च	ी	ढ	ी	स	ा
ञ	फ	ख	म	अ	द	थ	क	ञ	ङ	ए	ल	्	ब
ए	ञ	अ	थ	आ	स	ठ	्	ग	ण	ठ	व	त	म
व	ि	स	्	त	ा	र	ष	ु	अ	ग	फ	्	त
प	अ	य	प	उ	ि	म	च	ण	क	घ	व	र	द
च	ु	म	्	ब	क	त	्	व	्	त	ग	प	च
ञ	अ	स	ह	द	ए	श	ग	ञ	ष	य	उ	घ	ङ

अक्ष
केन्द्र
खोज
दूरी
गतिशील
विस्तार
घर्षण
प्रभाव
चुम्बकत्व

संयन्त्र
कक्ष
भौतिकशास्त्र
दबाब
गुण
गति
समय
वजन

65 - Birds

ह	◌ा	◌ँ	स	क	च	ध	म	ग	म	च	न	ए	स
उ	श	ग	घ	◌ो	घ	उ	ट	उ	क	य	श	क	◌्
ह	◌ं	स	उ	य	च	द	ए	ठ	म	ष	◌ू	ध	ट
इ	फ	आ	म	ल	ट	द	ह	ए	ध	अ	य	र	र
ह	फ	छ	ष	ञ	◌ी	फ	ष	व	ठ	ण	छ	क	◌्
द	◌े	ग	◌ो	ङ	◌्	म	◌ि	ल	◌े	◌्	फ	◌ु	क
ध	श	र	ह	व	स	ए	ख	ए	ञ	ड	ण	◌ु	ग
आ	ङ	ठ	◌ो	ई	अ	थ	ण	ह	प	◌ा	ई	ढ	भ
क	ञ	अ	न	न	स	ख	ग	प	◌े	ल	◌ि	क	न
छ	फ	श	क	◌ा	ग	◌ु	ल	ष	ए	छ	ध	ई	ग
ह	भ	ए	◌ि	अ	न	इ	ग	◌ु	न	◌्	◌े	प	◌ु
द	उ	अ	च	फ	ह	र	ई	◌ा	व	भ	ए	ई	ल
क	◌्	य	◌ा	न	र	◌ी	भ	◌ँ	ग	◌े	र	◌ा	क
व	उ	ए	ण	छ	उ	म	ट	◌ु	क	◌्	य	◌ा	न

क्यानरी
चिकन
काग
कोयल
ढुकुर
हाँस
ईगल
अण्डा
फ्लेमिङ्गो
गुल
हेरोन
अस्टीच
सुगा
मयूर
पेलिकन
पेन्गुइन
भँगेरा
स्टर्क
हंस
टुक्यान

66 - Art

म	छ	फ	इ	व	ह	र	इ	छ	ग	व	भ	श	ढ
क	◌ू	ई	क	थ	य	च	क	त	◌ी	र	◌्	प	ध
इ	ख	र	म	व	ष	न	◌ो	च	प	म	भ	द	ष
ख	न	ए	◌्	ढ	◌ि	◌ा	ट	ढ	थ	ह	छ	ढ	ठ
र	ञ	ष	इ	त	व	त	◌ो	ञ	व	ण	प	प	अ
म	छ	य	आ	म	◌ि	उ	◌ा	थ	छ	न	◌्	ङ	ष
क	प	श	अ	र	◌ा	क	म	य	छ	न	र	च	ख
द	ष	छ	म	भ	ढ	न	ल	ष	म	ध	◌े	थ	ख
र	ढ	ग	छ	द	ध	ख	द	◌ा	◌ु	उ	र	ङ	त
द	◌ृ	श	◌्	य	म	प	य	◌ा	ड	ग	◌ि	श	न
व	◌्	य	क	◌्	त	◌ि	ग	त	र	म	त	उ	न
अ	भ	◌ि	व	◌्	य	क	◌्	त	◌ि	◌ू	अ	च	ढ
ष	छ	ठ	छ	द	ञ	श	त	ध	र	ल	◌ि	ट	ज
क	च	अ	त	◌ि	य	थ	◌ा	र	◌्	थ	व	◌ा	द

माटोको
जटिल
रचना
अभिव्यक्ति
इमानदार
प्रेरित
मुड
मूल
व्याक्तिगत
कविता
मूर्तिकला
विषय
अतियथार्थवाद
प्रतीक
दृश्य

67 - Politics

न	स	म	ा	न	त	ा	क	ण	क	त	न	ख	ण
ै	त	त	उ	र	ध	आ	ढ	ह	त	ई	ी	ठ	ई
त	र	ा	क	र	स	ढ	ङ	त	ढ	म	त	ठ	आ
ि	श	य	क	त	ट	ख	ण	ि	श	अ	ि	ह	व
क	ए	र	व	य	ज	ि	व	ी	व	न	आ	उ	प
त	प	ि	त	ा	र	त	्	न	्	त	व	्	स
ा	त	प	ष	ठ	छ	्	घ	ण	म	ञ	ङ	स	म
उ	म	्	म	े	द	व	ा	र	स	फ	त	इ	अ
छ	य	क	ट	आ	म	फ	ञ	क	ञ	म	ढ	न	न
ढ	इ	ो	उ	ए	स	र	ष	र	ा	य	ि	य	प
ट	द	ल	ञ	य	स	ण	ट	अ	इ	थ	न	त	ष
अ	भ	ि	य	ा	न	च	ध	आ	ष	ष	ग	फ	ि
र	ा	ष	्	ट	्	र	ि	य	ष	न	व	र	ट
त	य	ङ	प	ढ	ग	त	ह	उ	छ	प	थ	य	म

कार्यकर्ता
अभियान
उम्मेदवार
समिति
समानता
नैतिकता
स्वतन्त्रता
सरकार
राष्ट्रिय
राय
नीति
लोकप्रियता
रणनीति
कर
विजय

68 - Nutrition

स	स	ख	ह	ञ	श	क	त	द	घ	प	स	ई	फ
न	ज	व	ठ	न	व	ण	्	ि	क	ा	्	व	प
्	क	उ	द	ट	त	स	घ	य	ण	च	व	न	ढ
त	र	ण	य	ि	्	ग	ग	च	ा	न	ा	घ	द
ु	ो	भ	अ	र	त	ु	भ	इ	क	ल	द	ङ	न
ल	ई	ी	च	ो	क	ण	प	स	ष	म	ो	त	त
ि	फ	श	त	्	ष	स	ङ	आ	ह	ा	र	र	घ
त	प	ए	द	प	ो	्	ञ	च	स	ल	ख	ख	ी
ग	ढ	द	ञ	ट	प	त	आ	श	ग	स	प	भ	अ
म	ण	आ	ए	म	क	र	त	थ	उ	म	त	व	ट
ध	न	स	भ	य	थ	्	स	्	व	ा	्	स	च
फ	भ	फ	ो	स	अ	क	स	स	्	व	स	्	थ
द	ठ	स	क	न	थ	न	म	ि	ट	ा	ि	भ	ए
प	ई	इ	म	ह	ख	भ	घ	ह	न	क	य	उ	च

भोक
सन्तुलित
तीतो
क्यालोरी
आहार
पाचन
किण्वन
स्वाद
स्वास्थ्य
स्वस्थ
पोषक तत्व
प्रोटिन
गुणस्तर
सस
मसला
टक्सिन
भिटामिन
वजन

69 - Hiking

अ	ए	क	ङ	उ	प	ञ	ण	श	ढ	ष	ठ	न	न
त	भ	त	ज	ं	ग	ल	ी	इ	ट	स	स	श	क
य	च	ि	श	ह	व	प	प	श	त	म	ए	ढ	्
ा	र	क	म	ढ	ु	ङ	्	ग	ा	ह	र	ू	स
र	ङ	ृ	ण	ु	त	य	फ	अ	ू	प	ख	ख	ा
ी	आ	र	प	छ	ख	ख	ई	छ	ज	ढ	अ	ट	क
ग	ध	्	उ	आ	न	ी	ा	प	ई	ग	प	स	ख
आ	ञ	प	च	फ	न	छ	क	र	्	ा	प	ू	इ
ङ	ह	उ	फ	ह	ण	थ	प	र	ह	ह	च	र	र
ष	ख	ढ	थ	भ	न	भ	क	आ	ण	ढ	त	्	ठ
भ	ा	र	ी	ध	ङ	न	म	ि	श	च	ढ	य	ख
ञ	र	ए	ग	ष	प	ह	ा	ड	त	ि	थ	ङ	थ
न	ह	द	ष	न	घ	प	न	प	थ	ह	ख	ह	न
क	्	ल	ा	इ	म	े	ट	श	अ	ढ	ह	र	ढ

जूता
क्लाइमेट
भारी
नक्सा
पहाड
प्रकृति
अभिमुखीकरण
पार्क
तयारी
ढुङ्गाहरू
शिखर
सूर्य
थकित
पानी
जंगली

70 - Professions #1

भ	य	स	ट	भ	◌ू	ग	र	◌्	भ	व	◌ि	द	◌्
छ	ङ	म	◌े	क	द	व	◌ा	न	◌ो	य	◌ा	◌ि	प
ग	ए	म	ल	घ	उ	क	त	ड	र	आ	इ	ष	उ
छ	ठ	ख	र	च	ग	व	द	◌ा	ठ	◌्	प	ग	व
ज	◌ौ	ह	र	◌ी	इ	◌ि	◌ू	क	च	आ	स	क	व
ड	स	क	न	◌ि	ञ	◌ा	ज	◌्	व	◌ै	◌ो	न	म
थ	◌ा	ग	म	ठ	ख	न	◌ा	ट	क	अ	ख	ञ	थ
ए	न	न	प	ब	र	र	र	र	ष	ढ	थ	उ	अ
उ	आ	ष	◌्	छ	◌ै	ख	ग	◌ो	ल	व	◌ि	द	◌्
ख	छ	य	ध	स	ष	◌ं	प	◌्	ल	म	◌्	ब	र
र	फ	ष	ठ	त	र	ग	क	द	प	◌ा	◌्	म	स
उ	ई	ष	छ	ई	ट	च	ई	र	◌ी	क	◌ा	◌ि	श
ख	क	◌ा	र	◌्	ट	◌ो	ग	◌्	र	◌ा	फ	र	फ
स	ङ	◌्	ग	◌ी	त	क	◌ा	र	त	ङ	ग	अ	घ

राजदूत
खगोलविद्
बैंकर
कार्टोग्राफर
कोच
डान्सर
डाक्टर
सम्पादक
भूगर्भविद्

शिकारी
जौहरी
सङ्गीतकार
नर्स
पियानोवादक
प्लम्बर
मनोवैज्ञानिक
नाविक
टेलर

71 - Barbecues

ङ	अ	छ	ठ	ग	प	ध	त	ग	र	्‌	म	ी	आ
ङ	ट	म	ा	ट	र	र	र	ा	फ	भ	स	स	ग
ग	्‌	र	ि	ल	ष	त	ि	य	त	क	ल	फ	व
ट	ङ	स	ए	भ	ण	आ	ए	व	न	ो	ा	न	ण
छ	द	ठ	ट	ो	ा	त	ठ	ञ	ा	ण	द	ख	इ
इ	र	ी	ा	क	र	त	ठ	स	ध	र	म	े	ण
च	न	ु	न	व	त	स	ं	ग	ी	त	भ	ल	ढ
ट	ा	ज	य	ा	्‌	प	क	च	ि	क	न	ठ	व
भ	ा	आ	न	ष	न	व	न	्‌	म	ठ	ज	थ	त
ङ	ख	म	च	क	्‌	क	ु	ष	र	क	ो	आ	ढ
ई	ण	त	घ	ख	म	आ	ख	ठ	द	्‌	भ	य	ख
फ	इ	प	उ	ष	ि	घ	प	ण	र	म	ो	न	ह
आ	ढ	ष	उ	अ	न	इ	ठ	ई	ट	ष	द	फ	स
ह	फ	घ	भ	ए	न	च	प	उ	थ	उ	क	ढ	य

चिकन
परिवार
खाना
फोर्क्स
फल
खेल
ग्रिल
तातो
भोक
निमन्त्रणा
चक्कु
भोजन
संगीत
प्याज
सलाद
नुन
सस
गर्मी
टमाटर
तरकारी

72 - Vegetables

य	ध	च	र	त	भ	इ	श	उ	भ	च	इ	श	प
फ	◌ु	ग	इ	ब	क	च	◌ो	ट	◌ि	◌्	र	आ	◌्
स	◌े	ल	र	◌ी	◌ै	ट	ख	ष	ल	य	आ	ए	य
ग	ल	ख	आ	अ	छ	◌ं	म	न	ओ	◌ा	द	छ	◌ा
◌ो	◌ा	ट	म	◌ा	ट	र	ग	ल	◌ी	उ	◌ा	क	ज
ड	◌ू	ज	फ	ब	ध	ट	◌ा	न	◌ु	स	ल	ढ	घ
◌़	म	ङ	र	◌्	स	म	स	ढ	इ	र	स	अ	न
ल	ण	म	द	र	र	अ	ग	ञ	ख	स	श	द	क
◌ु	क	उ	च	◌ो	ट	ख	ञ	द	ठ	ङ	ङ	◌ु	द
◌ा	ञ	ठ	श	क	ण	फ	ट	ग	म	श	च	व	◌्
प	ट	थ	ठ	◌ो	य	ष	र	न	फ	श	ख	◌ा	द
ठ	ए	ग	र	ल	श	ण	भ	व	फ	ङ	ष	ष	◌ू
त	ढ	न	घ	◌ी	ध	इ	इ	प	ञ	ष	प	ह	ढ
स	ल	ग	म	छ	ठ	ध	ण	क	आ	घ	उ	स	उ

आर्टिचोक
ब्रोकोली
गाजर
काउली
सेलरी
बैंगन
लसुन
अदुवा
च्याउ
ओलिभ
प्याज
साग
मटर
आलु
कद्दू
मूला
सलाद
पालुङ्गो
टमाटर
सलगम

73 - The Media

ठ	न	भ	ह	ध	ख	त	क	ए	स	भ	स	ह	घ
व	◌्	य	◌ा	प	◌ा	र	◌ि	क	अ	भ	◌्	अ	य
उ	द	◌्	य	◌ो	ग	ट	क	त	ई	उ	थ	ह	ट
त	ङ	ख	◌्	◌ा	र	◌े	ड	◌ि	य	◌ो	◌ा	क	छ
फ	ञ	थ	थ	क	र	◌्	व	ट	◌े	न	न	न	ङ
न	ट	ञ	त	म	फ	क	ट	क	फ	प	◌ी	त	क
भ	इ	ई	म	आ	न	इ	◌ा	ल	न	अ	य	ड	प
ठ	श	च	ट	र	ट	◌ो	ध	ष	ट	ग	ण	◌ि	ब
थ	ष	द	क	न	◌ि	ज	व	र	◌्	◌ा	स	ज	◌ौ
म	ह	◌ा	ई	य	फ	ध	अ	◌ृ	ण	न	आ	◌ि	द
व	◌्	य	क	◌्	त	◌ि	ग	त	त	ह	ञ	ट	◌्
ण	र	क	स	◌्	◌ं	स	च	उ	न	◌्	छ	ल	ध
घ	थ	न	ज	भ	◌ि	ल	◌ि	◌े	ट	ग	त	आ	◌ि
स	ञ	◌्	च	◌ा	र	श	म	ध	ष	थ	त	◌ि	क

मनोवृत्ति
व्यापारिक
सञ्चार
डिजिटल
संस्करण
शिक्षा
तथ्य
व्यक्तिगत
उद्योग

बौद्धिक
स्थानीय
नेटवर्क
अनलाइन
राय
सार्वजनिक
रेडियो
टेलिभिजन

74 - Boats

न	श	ख	उ	स	ज	श	ञ	क	इ	व	भ	भ	न
प	ा	ए	च	प	्	ञ	च	ण	न	भ	ख	ङ	र
य	फ	व	म	ख	व	र	र	द	्	ु	म	स	ण
छ	उ	ण	ि	श	ा	ी	ी	क	ज	स	च	ङ	ष
स	ा	ग	र	क	र	द	े	द	ि	न	ष	स	आ
छ	ञ	य	त	ड	भ	्	फ	ट	न	र	ा	प	ट
ब	न	ा	स	क	ा	ु	ध	घ	ढ	न	ङ	ध	ञ
द	ो	च	ञ	ए	ट	म	क	ा	य	क	त	स	ए
उ	स	य	ठ	ं	ा	स	्	छ	ड	अ	फ	व	व
फ	अ	फ	ा	क	भ	े	य	भ	ो	इ	ए	ग	ङ
श	ह	म	ग	र	क	ल	ा	च	र	र	आ	द	ध
त	ा	ल	फ	ङ	श	ब	न	स	ी	म	स	्	त
ञ	ढ	आ	श	ह	द	ो	ो	ई	फ	इ	स	त	क
श	उ	प	ख	ए	इ	ट	घ	र	ञ	ठ	ठ	क	ञ

एंकर
बोया
क्यानो
चालक
डक
इन्जिन
फेरी
कयाक
ताल
मस्त
समुद्री
सागर
रापट
नदी
डोरी
सेलबोट
नाविक
समुद्र
ज्वारभाटा
याच

75 - Activities and Leisure

ब	न	आ	ल	ब	◌ि	ल	भ	त	इ	च	व	आ	ञ
च	◌ा	ल	क	न	◌े	र	◌्	म	◌ा	छ	◌ा	◌ा	म
स	उ	स	भ	ङ	घ	स	फ	आ	प	य	उ	स	म
त	र	आ	◌्	ढ	म	ठ	ब	उ	इ	घ	ष	ञ	स
ध	इ	◌्	र	क	प	ट	म	ल	ब	ट	◌ु	फ	ञ
ई	क	स	फ	थ	◌े	घ	श	श	य	त	ढ	अ	ए
ल	म	◌े	न	◌ि	क	ट	ग	ठ	ख	ग	ञ	ढ	च
ट	व	अ	ष	उ	ङ	ड	ब	य	◌ा	त	◌्	र	◌ा
◌े	द	ह	क	द	म	◌ा	फ	ल	◌्	◌ो	ग	ट	◌ं
न	ट	ए	ह	क	◌ि	इ	ब	क	◌्	स	◌ि	ङ	◌ै
◌ि	र	व	य	क	व	भ	घ	त	र	ष	ई	ध	ग
स	ट	भ	ग	ध	◌ि	◌ि	ण	ए	न	उ	ढ	र	ब
भ	द	छ	म	ह	◌्	ङ	ण	च	भ	ई	ढ	ङ	ख
क	छ	भ	थ	भ	स	इ	ई	ञ	अ	अ	ङ	ष	म

कला
बेसबल
बास्केटबल
बक्सिङ
डाइभिङ
माछा मार्ने
बगैंचा
गोल्फ
किनमेल
फुटबल
सर्फिङ
स्विमिङ
टेनिस
यात्रा
भलिबल

76 - Driving

फ	य	क	र	◌े	◌्	ब	स	ड	क	च	म	त	म
ष	स	य	◌ा	◌ँ	◌्	ग	ग	ढ	उ	◌ा	ह	व	◌ो
ट	◌्	र	क	र	ह	ट	द	त	श	ल	र	ख	ट
ह	र	न	ङ	◌ी	इ	ध	ग	ठ	◌ि	क	य	प	र
ठ	ख	न	छ	ह	व	छ	घ	घ	ङ	र	◌ु	◌ु	स
न	◌ा	ट	घ	र	◌्	◌ु	द	द	द	थ	न	इ	◌ा
ध	ङ	स	न	◌्	स	◌े	इ	◌ा	ल	व	ढ	थ	इ
ष	द	न	ग	प	च	च	ई	ञ	फ	छ	अ	न	क
ढ	◌ा	प	◌ै	द	ल	य	◌ा	त	◌्	र	◌ी	ख	ल
ई	ई	क	थ	ह	थ	म	ख	ख	ञ	च	ढ	त	ट
भ	न	ध	◌्	न	इ	आ	फ	ई	फ	स	ञ	र	ङ
ग	◌्	य	◌ा	र	◌े	ज	म	◌ो	ट	र	फ	◌ा	श
ख	ग	क	च	ञ	◌ु	ट	◌्	र	◌ा	फ	◌ि	क	ण
ख	ट	ग	ध	ढ	अ	स	न	क	◌्	स	◌ा	ञ	ख

दुघटना
ब्रेक
कार
खतरा
चालक
इन्धन
ग्यारेज
ग्याँस
लाइसेन्स
नक्सा
मोटर
मोटरसाइकल
पैदल यात्री
प्रहरी
सुरक्षा
गति
सडक
ट्राफिक
ट्रक
सुरुङ

77 - Professions #2

आ	ख	प	ञ	भ	म	अ	ख	च	द	भ	ए	न	ल
फ	व	ष	ढ	ट	◌ा	द	भ	◌ि	◌ा	◌ा	स	ख	◌ा
◌ो	ज	◌ि	च	◌ि	ल	उ	आ	क	र	ष	◌्	द	इ
ट	◌ी	न	ष	क	◌ी	भ	स	◌ि	◌्	◌ा	ट	म	ब
◌ो	व	फ	ए	◌्	श	र	न	त	श	व	◌्	आ	◌्
ग	व	व	उ	ट	क	क	ज	◌्	न	◌ि	र	ए	र
◌्	◌ि	ञ	छ	◌े	श	◌ा	◌्	स	◌ि	द	◌ो	फ	◌े
र	ज	अ	र	◌ि	क	र	र	क	क	◌्	न	च	र
◌ा	◌्	न	ए	ड	◌ा	◌्	स	क	ग	स	ट	ध	◌ि
फ	ञ	◌्	ङ	घ	र	त	श	◌ि	क	◌्	ष	क	य
र	◌ा	व	ख	र	◌्	प	क	◌ि	स	◌ा	न	ञ	न
ष	न	◌े	ढ	ङ	प	च	◌ि	त	◌्	र	क	◌ा	र
भ	◌ी	ष	इ	न	◌्	ज	◌ि	न	◌ि	य	र	ङ	फ
य	व	क	स	त	◌्	क	◌ि	च	◌ि	त	◌्	न	द

एस्ट्रोनट
जीवविज्ञानी
दन्त चिकित्सक
डिटेक्टिभ
इन्जिनियर
किसान
माली
आविष्कारक
अन्वेषक
पत्रकार
लाइब्रेरियन
भाषाविद्
चित्रकार
दार्शनिक
फोटोग्राफर
चिकित्सक
प्रकाशक
सर्जन
शिक्षक

78 - Mythology

अ	ठ	व	स	फ	घ	ख	ब	ण	थ	न	व	भ	त
व	फ	ई	न	आ	इ	च	थ	द	ञ	उ	◌ि	◌ू	द
भ	ए	क	न	ठ	ढ	य	ल	फ	ल	ह	ज	ल	इ
भ	घ	अ	ई	अ	इ	भ	◌ी	ई	ई	◌ा	य	भ	स
थ	च	आ	क	ई	ग	क	श	य	आ	ड	◌ी	◌ु	◌ं
ट	प	आ	ढ	आ	ङ	क	ण	छ	म	श	ए	ल	स
म	इ	व	ण	ई	◌ा	त	र	म	अ	छ	भ	◌ै	◌्
र	ट	न	◌ा	य	क	◌ि	म	ग	ख	र	आ	य	क
ह	◌ा	य	ग	थ	न	◌्	ड	र	द	त	ए	◌ा	◌ृ
◌ा	क	क	◌ो	ए	च	क	ध	◌्	न	ह	ख	द	त
व	◌े	क	◌्	द	त	श	ट	व	थ	ह	अ	त	◌ि
य	◌्	ए	छ	ष	◌्	ङ	ध	◌्	इ	फ	आ	क	ख
◌्	र	व	घ	न	स	ध	ढ	स	व	ठ	ङ	य	म
व	आ	फ	उ	इ	प	द	◌ा	ए	ढ	अ	भ	उ	र

आर्केटाइप
व्यवहार
संस्कृति
स्वर्ग
नायक
अमरता
डाह
भूलभुलैया

राक्षस
मरणशील
बदला
शक्ति
थन्डर
विजयी
योद्धा

79 - Garden

थ	ग	ढ	र	न	ग	ई	ट	च	◌ा	◌ै	ग	ब	क
ग	◌्	य	◌ा	र	◌े	ज	ए	ल	न	फ	ण	ठ	भ
र	◌े	क	श	ङ	ञ	ङ	ग	आ	अ	◌्	त	ट	इ
फ	◌ा	श	◌ु	य	भ	ई	उ	क	ग	आ	◌े	म	ग
◌ू	प	ब	ब	◌े	ल	च	◌ा	श	ढ	इ	य	ब	ट
ल	ग	◌ो	ड	◌़	ल	◌ु	क	◌ो	◌्	भ	छ	त	◌्
थ	◌ी	ल	न	ङ	ट	थ	प	आ	क	श	ष	ठ	र
ह	उ	क	व	◌्	ह	ख	य	ई	छ	ख	द	अ	म
म	◌ा	ट	◌ो	इ	ड	ट	ह	न	क	प	प	ण	◌ा
◌ा	ष	व	ए	भ	भ	च	घ	◌ा	◌ँ	स	श	ए	प
◌ा	ष	अ	ख	ञ	ङ	ण	उ	ञ	ग	घ	थ	अ	◌ो
स	भ	इ	म	क	ठ	त	घ	ग	ध	ञ	द	ए	ल
अ	घ	श	आ	ह	ढ	च	य	क	ख	उ	फ	ञ	◌ि
द	क	अ	र	◌ू	ख	ण	ण	प	न	ब	◌ो	ट	न

बेन्च
बुश
बार
फूल
ग्यारेज
बगैचा
घाँस
भ्कोलुड़गो
नली
लन
पोन्ड
रेक
बेलचा
माटो
छत
ट्रमापोलिन
रूख
बोट
सामा

80 - Diplomacy

न	प	न	ध	◌ा	◌ा	म	स	य	च	ह	न	क	स
छ	ण	ञ	◌ि	य	य	न	ई	य	अ	ष	य	◌ू	ल
उ	ल	भ	ठ	ष	द	◌ू	त	◌ा	व	◌ा	स	ट	◌्
क	उ	फ	भ	ठ	◌्	ठ	न	◌्	इ	क	ट	न	ल
म	च	ई	ल	ह	घ	ठ	ग	न	क	◌्	ह	◌ी	◌ा
म	◌ा	न	व	◌ी	य	श	◌ा	प	आ	र	य	त	ह
त	ग	◌ो	य	ह	स	आ	अ	ल	ठ	◌ु	व	◌ि	क
र	◌ा	ज	द	◌ू	त	श	ए	◌्	ए	स	भ	क	◌ा
◌ा	ङ	स	◌ा	न	◌ै	त	◌ि	क	त	◌ा	◌ा	ष	र
क	अ	प	◌ु	ग	छ	क	ख	◌ं	र	त	ष	उ	ग
र	भ	ठ	म	ट	ठ	न	म	स	ख	य	◌ा	त	आ
स	आ	इ	स	र	◌ा	ज	न	◌ी	त	◌ि	ह	ख	ढ
स	ख	अ	न	◌ा	ग	र	◌ि	क	ङ	ष	र	थ	य
स	न	◌्	ध	◌ि	त	छ	ई	ढ	म	ष	◌ू	ङ	ष

सल्लाहकार
राजदूत
नागरिक
समुदाय
सहयोग
कूटनीतिक
छलफल
दूतावास
नैतिकता
सरकार
मानवीय
निष्ठा
न्याय
भाषाहरू
राजनीति
संकल्प
सुरक्षा
समाधान
सन्धि

81 - Beach

प	ङ	स	क	च	ग	ट	थ	ञ	ढ	ए	थ	म	ढ
य	ब	ग	म	त	भ	भ	ह	प	उ	छ	घ	घ	उ
म	थ	◌ा	द	व	य	छ	◌ा	त	◌ा	ड	ञ	ट	ई
र	त	ए	ल	◌ो	◌ी	न	क	उ	स	थ	क	◌ी	द
स	◌ा	ग	र	◌ु	त	ढ	क	ग	उ	ञ	ढ	ट	न
त	स	◌ा	ध	आ	व	◌ौ	ध	घ	स	◌ू	र	◌्	य
भ	◌े	ङ	ग	ठ	ण	◌ा	ल	न	फ	न	य	◌ु	ग
ट	ल	◌्	ट	ढ	थ	उ	द	◌ि	प	त	ञ	छ	स
य	ब	◌ु	ई	ह	य	भ	द	छ	य	म	घ	ध	म
थ	◌ो	ड	च	अ	छ	ख	क	त	व	◌ा	अ	श	◌ु
स	ट	र	प	घ	स	थ	ङ	ट	◌ा	ग	◌ं	ग	द
च	ड	ण	◌्	य	◌ा	◌्	ल	इ	आ	त	उ	ख	◌्
ण	प	र	प	त	ग	द	ध	य	इ	र	य	य	र
ख	च	ध	ल	ङ	स	ह	च	र	स	र	य	अ	थ

नीलो
डुङ्गा
तट
गंगटा
डक
आइल्याण्ड
दह
सागर

सेलबोट
बालुवा
चप्पल
समुद्र
सूर्य
तौलिया
छाता
छुट्टी

82 - Countries #1

भ	न	य	य	फ	न	भ	स	ई	ह	इ	ङ	भ	फ
ध	ण	य	◌ा	न	◌ि	म	◌ा	◌ो	र	ज	इ	◌े	◌ि
ठ	ए	ट	भ	ए	क	◌ा	र	इ	ई	◌ि	ज	न	न
ञ	ड	ण	◌्	य	◌ा	ल	◌्	◌ो	प	प	र	◌े	ल
अ	ढ	ए	च	ट	र	ल	प	ण	इ	◌्	◌ा	ज	◌्
स	◌्	प	◌े	न	◌ा	द	◌ि	न	प	ट	य	◌ु	य
न	त	त	ण	म	ग	न	उ	ब	◌ा	न	ल	ए	◌ा
◌ी	र	फ	श	त	◌ु	इ	थ	इ	◌ि	म	च	ल	ण
म	प	◌्	ह	व	आ	ट	च	घ	फ	य	◌ा	◌ा	◌्
◌्	य	◌ा	व	◌ि	ट	◌ा	ल	ढ	ञ	ह	◌ा	र	ड
र	थ	त	ध	◌े	इ	ल	म	◌ो	र	क	◌्	क	◌ो
ज	आ	ठ	ण	फ	थ	◌ी	स	◌े	न	◌े	ग	ल	म
क	◌्	य	◌ा	न	◌ा	ड	◌ा	घ	च	उ	ह	थ	ई
भ	◌ि	य	त	न	◌ा	म	ब	◌्	र	◌ा	ज	◌ि	ल

ब्राजिल
क्यानाडा
इजिप्ट
फिनल्याण्ड
जर्मनी
इराक
इजरायल
इटाली
लाटविया
लिबिया
मोरक्को
निकारागुआ
नर्वे
पनामा
पोल्याण्ड
रोमानिया
सेनेगल
स्पेन
भेनेजुएला
भियतनाम

83 - Adjectives #1

म	ह	त	◌्	त	◌्	व	प	◌ू	र	◌्	ण	उ	अ
ग	म	◌्	भ	◌ी	र	ङ	उ	थ	स	श	आ	प	म
ढ	स	श	ण	भ	स	म	ष	छ	स	न	ह	य	◌ू
व	म	ण	आ	थ	ए	न	ख	द	ए	इ	प	◌ो	ल
भ	◌ा	र	◌ी	क	म	त	◌्	◌ा	ल	क	◌ा	ग	◌्
स	भ	न	र	स	र	द	न	◌्	◌ु	स	त	◌ी	य
न	◌ु	ठ	द	म	र	◌्	ख	◌ु	स	◌ी	ल	व	अ
◌ि	ञ	ग	◌ा	◌ा	ङ	द	ष	र	ए	ल	◌ो	◌ि	ढ
र	त	ग	न	न	छ	ल	आ	क	ढ	म	न	स	इ
प	छ	◌ा	◌ा	◌्	ङ	श	आ	ध	आ	ई	ट	ण	उ
◌े	ङ	ढ	म	र	ध	◌ा	भ	ह	◌ु	ङ	ह	आ	द
क	ष	◌ा	इ	ए	फ	◌ि	अ	घ	फ	न	ध	छ	◌ा
◌्	श	◌ा	न	◌्	त	व	त	ष	ण	उ	◌ि	र	र
ष	ण	ग	अ	स	आ	इ	श	ष	व	ख	ए	क	ए

निरपेक्ष
सुगन्धित
कलात्मक
आकर्षक
सुन्दर
गाढा
उदार
खुसी
भारी
उपयोगी
इमानदार
विशाल
समान
महत्त्वपूर्ण
आधुनिक
शान्त
गम्भीर
ढिलो
पातलो
अमूल्य

84 - Rainforest

उ	ग	ट	अ	र	घ	घ	व	ए	ग	व	उ	ण	अ
ब	◌ा	द	ल	ठ	र	र	म	न	ध	इ	श	थ	म
त	न	आ	ण	ष	म	न	व	स	स	ट	र	घ	◌ू
न	◌ा	ण	उ	ई	ढ	ध	ई	◌ं	ह	◌्	ण	भ	ल
ङ	प	स	भ	क	◌ी	र	◌ा	र	क	ग	प	ई	◌्
ग	थ	च	य	ए	ठ	य	ट	क	ध	इ	क	त	य
अ	◌ा	प	च	र	क	स	आ	◌्	इ	घ	क	◌ा	◌ि
न	स	ट	र	ध	छ	ञ	भ	ष	म	ढ	ध	उ	ई
स	◌्	◌्	छ	छ	ई	इ	थ	ण	ख	ठ	ङ	आ	छ
म	र	ण	त	◌ा	ध	व	◌ि	◌ि	व	छ	ञ	फ	च
◌ु	◌्	न	त	◌ि	ज	◌ा	र	◌्	प	त	इ	म	च
द	न	ख	ठ	ठ	त	क	◌्	ल	◌ा	इ	म	◌े	ट
◌ा	◌ु	च	प	भ	श	◌्	प	◌्	र	क	◌ृ	त	◌ि
य	प	इ	ई	छ	म	य	व	ह	ढ	र	उ	श	भ

उभयचर
वनस्पति
क्लाइमेट
बादल
समुदाय
विविधता
कीरा
काई
प्रकृति
संरक्षण
शरण
पुनर्स्थापना
प्रजाति
अस्तित्व
अमूल्य

85 - Technology

त	स	व	क	म	◌्	प	◌्	य	◌ु	ट	र	य	ए
थ	ङ	न	य	द	ग	इ	र	ज	उ	र	◌ा	◌्	ब
◌्	ब	च	◌्	ण	ग	ख	स	व	क	घ	म	घ	ष
य	◌ा	आ	द	द	◌ा	◌्	र	प	क	छ	◌े	ष	ई
◌ा	इ	भ	र	ष	◌े	अ	इ	त	ञ	इ	य	ई	फ
ङ	ट	द	द	य	ख	श	◌ा	ल	इ	छ	◌ा	ट	◌ा
◌्	ब	ग	आ	ठ	व	उ	भ	अ	म	स	◌्	ग	इ
क	◌्	ठ	क	ख	व	◌े	थ	च	र	स	क	ड	ल
य	ल	इ	ण	ङ	ङ	य	ट	◌ु	अ	न	अ	◌ि	फ
ख	ग	ग	ग	स	◌ु	र	क	◌्	ष	◌ा	ए	ज	छ
ड	ट	ञ	क	र	◌्	स	र	र	फ	द	ठ	◌ि	छ
घ	◌ा	त	ण	उ	त	स	उ	भ	इ	स	ख	ट	य
ह	र	ट	इ	न	◌्	ट	र	न	◌े	ट	अ	ल	च
र	अ	भ	◌ा	अ	त	त	आ	उ	ठ	छ	न	स	स

ब्लग
ब्राउजर
बाइट
क्यामेरा
कम्प्युटर
कर्सर
डाटा
डिजिटल
फाइल
इन्टरनेट
सन्देश
पर्दा
सुरक्षा
सफ्टवेयर
तथ्याङ्क
भर्चुअल
भाइरस

86 - Landscapes

द	ज	ह	त	◌ो	◌ा	त	ण	थ	श	स	च	र	आ
ल	◌्	क	र	◌ा	ड	◌्	न	◌्	◌ु	ट	ग	य	ङ
द	व	ए	स	अ	ल	◌ी	य	◌ा	◌्	भ	इ	श	ई
ल	◌ा	प	◌े	न	◌ि	न	स	◌ु	ल	◌ा	श	◌ि	ठ
फ	ल	स	ष	श	ख	स	◌ि	स	ए	ओ	न	ल	न
ढ	◌ा	प	ह	◌ा	ड	श	म	छ	श	थ	च	◌े	ट
ण	म	◌ु	ए	म	ण	य	◌ि	◌ु	ए	थ	छ	◌्	त
ई	◌ु	ग	ग	ङ	◌्	ट	भ	ठ	द	स	◌ा	ग	र
क	ख	ध	द	आ	य	ग	◌ू	घ	ख	◌्	न	थ	द
स	◌ी	ह	◌ि	ल	◌ा	र	◌ु	ए	न	घ	र	ध	◌्
द	द	फ	न	ग	◌्	ण	र	प	ण	ण	झ	स	◌ु
इ	न	उ	ठ	ठ	ल	उ	म	ध	इ	ठ	ढ	स	म
क	र	म	अ	थ	इ	ह	◌ि	म	श	◌ै	ल	ध	स
द	ष	ञ	क	इ	आ	ग	घ	ख	ठ	द	ठ	स	ञ

समुद्र तट
गुफा
मरुभूमि
तातो
ग्लेशियर
हिल
हिमशैल
आइल्याण्ड
ताल
पहाड
ओएसिस
सागर
पेनिनसुला
नदी
समुद्र
दलदल
टुन्ड्रा
भ्याली
ज्वालामुखी
झरना

87 - Plants

त	ण	ह	भ	त	ढ	ष	ष	घ	ञ	श	व	आ	ष
ञ	आ	त	क	ग	ट	ट	म	ा	व	ण	ए	आ	उ
श	ठ	उ	ङ	श	त	ण	उ	ँ	ठ	ष	ङ	स	व
ु	क	ख	अ	ड	ी	उ	ि	स	ट	म	छ	ए	अ
ब	त	क	थ	श	ट	र	व	ँ	अ	क	ए	ग	अ
ञ	ग	य	ष	ग	र	अ	व	ा	क	फ	फ	ञ	ठ
क	श	ै	अ	र	ब	ह	श	ब	उ	ू	ू	भ	ठ
द	ञ	अ	च	ई	भ	े	ढ	ल	म	ल	ल	स	अ
फ	द	ङ	त	ा	प	ब	र	र	ू	ख	क	ू	थ
्	ष	थ	इ	क	ह	ी	ङ	ी	छ	म	ो	र	ध
ल	थ	इ	ण	ख	छ	न	व	व	प	ट	द	्	उ
ो	व	न	स	्	प	त	ि	इ	ठ	े	ल	य	स
र	ग	ह	प	ख	ख	घ	ध	आ	ङ	्	ध	ङ	अ
ा	श	आ	र	स	उ	क	स	ई	ध	स	क	द	ङ

बाँस
बीन
बेरी
बुश
सिउडी
मल
फ्लोरा
फूल
पात
वन
बगैचा
घाँस
आइवी
काई
फूलको दल
मूल
स्टेम
सूर्य
रूख
वनस्पति

88 - Countries #2

स	इ	ष	ह	ल	◌ा	इ	ब	◌े	र	◌ि	य	◌ा	ल
ए	◌ो	न	ड	◌ा	◌ु	स	य	ध	उ	द	आ	त	◌ा
ग	थ	म	ड	ए	इ	क	उ	ई	आ	छ	न	ए	ओ
फ	ल	प	◌ा	◌े	न	ट	य	ध	ड	य	◌ा	ण	स
ट	आ	स	न	ल	ए	इ	◌ी	भ	◌े	अ	इ	ह	द
त	न	◌ि	◌्	अ	◌ि	च	न	इ	न	ल	ज	प	प
अ	र	र	ग	म	न	य	न	थ	म	◌्	◌े	द	◌ा
ध	◌े	◌ि	◌ा	◌े	ञ	ढ	◌ा	◌ो	◌ा	ब	र	आ	क
त	क	य	◌ु	क	ख	ठ	ब	प	र	◌ा	◌ि	ज	◌ि
र	◌्	◌ा	य	◌्	य	ए	◌े	◌ि	◌्	न	य	म	स
म	◌ु	स	य	स	फ	थ	ल	य	क	◌ि	◌ा	◌ा	◌्
आ	य	स	आ	◌ि	ह	ङ	प	◌ा	घ	य	च	इ	त
भ	श	ध	ण	क	ज	◌ा	प	◌ा	न	◌ा	घ	क	◌ा
ढ	ए	त	ट	◌ो	ग	◌्	र	◌ी	स	ए	ठ	◌ा	न

अल्बानिया
डेनमार्क
इथोपिया
ग्रीस
हाइटी
जमाइका
जापान
लाओस
लेबनान
लाइबेरिया
मेक्सिको
नेपाल
नाइजेरिया
पाकिस्तान
रुस
सोमालिया
सुडान
सिरिया
युगान्डा
युक्रेन

89 - Adjectives #2

प	स	थ	ई	ञ	भ	स	ज	ं	ग	ल	ी	व	भ
व	्	्	घ	क	े	म	ु	य	ध	छ	घ	घ	प
द	थ	र	व	ढ	ं	ष	ग	क	द	क	ई	ब	ञ
ग	घ	स	ा	स	ट	य	आ	ी	्	छ	र	ल	भ
ई	न	ञ	भ	म	्	म	ध	ट	स	ख	व	ि	ो
य	त	ग	ट	प	ा	थ	छ	ा	ि	र	ा	य	क
न	ु	न	ि	ल	ो	ण	य	न	र	र	म	ो	ा
्	ढ	श	ए	इ	न	ख	ि	स	्	च	े	आ	ए
म	ग	ए	र	छ	ख	ग	ई	क	प	ष	म	फ	क
ा	क	त	ि	क	ृ	र	ा	्	प	ई	्	थ	ो
ा	ट	ण	्	ष	ञ	्	उ	द	ए	म	ि	न	र
स	अ	ठ	क	प	स	व	त	ा	त	ो	ज	य	फ
र	ो	च	क	द	प	ा	्	त	उ	च	च	ा	अ
व	र	्	ण	न	ा	त	्	म	क	भ	य	ँ	छ

प्रामाणिक
क्रिएटिभ
वर्णनात्मक
नाटकीय
सुक्खा
प्रसिद्ध
भेंट
स्वस्थ
तातो
भोकाएको
रोचक
प्राकृतिक
नयाँ
सामान्य
उत्पादक
गर्व
जिम्मेवार
नुनिलो
बलियो
जंगली

90 - Psychology

भ	ण	आ	उ	न	त	◌े	च	व	अ	द	र	क	ट
ण	◌ा	छ	ठ	प	◌े	ग	ण	◌्	स	आ	स	ङ	ध
अ	र	व	त	◌ी	च	फ	ग	य	◌ा	◌्	स	म	स
ह	◌ा	ग	न	र	अ	फ	ग	व	क	ई	ख	क	व
◌ं	ध	ढ	इ	◌ा	आ	र	◌ू	ह	◌ा	न	प	स	◌ा
क	ण	ई	क	◌े	ह	अ	स	◌ा	अ	य	ट	व	स
◌ा	स	म	थ	थ	र	र	घ	र	व	आ	आ	◌ि	◌्
र	ख	ण	भ	त	◌ि	भ	◌ू	◌ु	न	अ	ञ	च	त
व	◌्	य	क	◌्	त	◌ि	त	◌्	व	उ	त	◌ा	व
ठ	ठ	स	ग	क	◌्	ल	◌ि	न	◌ि	क	ल	र	◌ि
ब	◌ा	ल	◌्	य	क	◌ा	ल	आ	द	ञ	ष	ग	क
ए	र	भ	व	ट	ट	छ	फ	य	क	ट	ठ	न	त
ध	ठ	ढ	घ	ङ	ह	ञ	च	ए	इ	ए	ष	इ	◌ा
ख	इ	र	र	ठ	ङ	च	स	ए	ग	क	ग	र	र

व्यवहार
बाल्यकाल
क्लिनिकल
सपनाहरू
अहंकार
भावनाहरू
विचार
धारणा
व्यक्तित्व
समस्या
वास्तविकता
अनुभूति
अवचेतन
थेरापी
अचेत

91 - Math

अ	ब	म	प	ठ	र	ष	ए	ढ	ष	ङ	उ	ठ	ध
ग	ं	ह	ङ	्	आ	छ	प	र	ि	ध	ि	स	य
त	ष	क	ु	र	र	र	भ	ट	ठ	ण	ण	म	त
ग	क	त	ग	भ	उ	क	म	क	घ	ञ	ञ	ा	न
भ	ठ	च	्	ण	ु	ल	ा	ो	ग	ष	ध	न	द
आ	ज	अ	र	र	ि	ज	क	श	ञ	व	आ	ा	ट
ष	्	अ	व	क	घ	त	ध	ं	क	त	घ	न	आ
ग	य	य	ए	ी	घ	य	ढ	अ	ई	फ	ञ	्	इ
ठ	ा	व	ङ	म	आ	आ	त	भ	र	न	ख	त	त
म	म	अ	ग	स	य	ा	्	व	ङ	ण	ए	र	न
आ	ि	प	भ	ो	ल	्	य	ु	म	ठ	न	श	ठ
व	त	ि	ि	म	म	स	ड	ि	ग	्	र	ी	प
न	ि	द	श	म	ल	व	न	थ	फ	र	ढ	घ	आ
स	ख	घ	ई	ग	ई	त	्	र	ि	भ	ु	ज	व

अंकगणित
दशमलव
डिग्री
व्यास
समीकरण
प्रकाशक
अंश
ज्यामिति
समानान्तर
परिधि
बहुभुज
आयत
गोला
वर्ग
सममिति
त्रिभुज
भोल्युम

92 - Water

ध	घ	थ	फ	उ	फ	ह	ङ	ढ	ष	म	ञ	ष	ठ
ट	न	य	◌ा	स	◌्	◌ि	च	र	व	र	◌्	ष	◌ा
थ	स	छ	ण	न	म	उ	घ	ण	ष	भ	त	स	ट
उ	◌ि	म	ठ	ङ	ङ	◌ँ	श	र	न	न	◌ा	◌्	स
भ	◌ँ	ढ	न	ख	ङ	श	स	क	ह	क	ल	छ	ख
प	च	प	त	ङ	थ	श	ए	प	र	ञ	म	ङ	ध
ढ	◌ा	च	आ	छ	क	उ	ञ	◌ी	द	न	ग	प	आ
त	इ	स	फ	◌ू	व	म	न	ष	श	ङ	श	ङ	ह
त	◌ु	स	◌ा	र	◌ो	न	ब	◌्	र	ट	घ	अ	इ
◌ो	ई	इ	ढ	ह	ब	स	स	◌ा	त	◌ू	फ	◌ा	न
◌ा	इ	ङ	क	र	थ	◌ु	◌ा	ब	ढ	छ	ञ	त	व
त	स	ब	ढ	ह	त	न	ग	य	च	◌ी	म	क	व
आ	क	ध	◌ा	ल	ए	प	र	ह	ङ	अ	ख	च	ख
ट	भ	ढ	व	फ	थ	ढ	श	छ	च	त	ण	आ	स

नहर
बाष्पीकरण
बाढी
तुसारो
तातो
तूफान
बरफ
सिँचाइ
ताल
चिस्यान
मनसुन
सागर
वर्षा
नदी
स्नान
हिउँ
बाफ
लहरहरू

93 - Money

अ	ट	ष	म	ब	स	फ	ढ	म	य	आ	ए	छ	फ
ह	र	न	ह	ण	◌ै	न	क	न	ढ	य	ण	क	ण
न	◌ा	◌्	ऋ	ङ	ग	◌ं	ध	◌्	छ	प	ष	ञ	य
ट	द	ठ	थ	ण	च	ट	क	त	द	ह	स	ण	ख
ङ	◌्	च	ई	श	ख	र	द	ब	ट	आ	श	ढ	द
ष	◌ु	ख	ष	उ	◌ा	घ	क	य	त	ए	ष	ध	ण
क	म	ठ	छ	इ	ण	स	र	इ	य	ह	न	ग	श
द	क	◌ो	ष	ब	म	क	◌्	अ	य	घ	च	ङ	ङ
आ	श	श	फ	◌ि	ङ	श	ध	त	त	◌्	◌ि	व	स
उ	इ	ख	अ	क	द	आ	ङ	छ	◌्	न	ङ	ध	स
ख	र	◌्	च	◌्	ह	य	ण	◌ु	स	र	घ	ण	◌्
ङ	य	प	स	र	फ	थ	ढ	ट	◌े	ज	ब	श	त
फ	र	ट	श	◌ी	क	◌्	र	◌े	ड	◌ि	ट	ध	◌ो
व	◌ा	ल	◌े	ट	उ	ठ	त	भ	ट	इ	श	घ	स

बैंक
बजेट
सस्तो
क्रेडिट
मुद्रा
ऋण
छुट
अर्थशास्त्र
मन्तबय
खर्च
वित्त
कोष
आय
बिक्री
कर
वालेट

94 - Business

ढ	श	ए	आ	अ	क	य	आ	य	ध	न	ण	क	ट
ठ	भ	ञ	ध	न	◌ी	◌ा	ग	ल	च	ब	ट	◌ा	प
द	ठ	प	ग	भ	ङ	ङ	र	ग	ए	ज	ख	र	थ
क	र	◌्	म	च	◌ा	र	◌ी	◌्	ग	◌े	म	ख	र
प	◌्	र	ब	न	◌्	ध	क	ध	य	ट	ष	◌ा	◌ो
अ	ष	थ	ट	ण	ष	ई	ष	त	ग	◌ा	ल	न	ज
अ	र	◌्	थ	श	◌ा	स	◌्	त	◌्	र	ल	◌ा	ग
व	◌्	य	◌ा	प	◌ा	र	ए	र	ए	क	ढ	य	◌ा
क	म	◌्	प	न	◌ी	क	◌ा	प	छ	न	इ	व	र
ल	◌े	न	द	◌े	न	र	फ	द	छ	भ	घ	◌ि	द
म	त	ए	ट	क	छ	◌ि	आ	ठ	◌्	ए	स	त	◌ा
प	ङ	द	ध	ण	र	य	क	स	ट	◌ु	छ	◌्	त
ठ	ष	फ	ञ	ध	य	र	ठ	आ	न	ए	म	त	◌ा
ब	◌ि	क	◌्	र	◌ी	प	◌ै	स	◌ा	ष	ढ	व	क

बजेट
करियर
कम्पनी
लागत
मुद्रा
छुट
अर्थशास्त्र
कर्मचारी
रोजगारदाता
कारखाना
वित्त
आय
लगानी
प्रबन्धक
व्यापार
पैसा
कार्यालय
बिक्री
कर
लेनदेन

95 - Literature

म	ट	ष	भ	फ	श	ण	आ	र	स	ट	ट	ण	य
क	व	◌ि	त	◌ा	◌ै	ष	व	◌ु	◌ं	ज	ठ	इ	प
ष	अ	च	प	ढ	ल	ल	थ	प	व	◌ी	अ	ट	ग
र	ए	द	ञ	स	◌ी	◌े	◌ा	क	◌ा	व	ष	श	र
◌्	ग	प	व	य	ण	श	आ	त	द	न	◌ा	य	ब
क	व	◌ि	त	◌ा	त	◌्	म	क	छ	◌ी	व	व	त
ष	ख	त	ग	◌्	ज	◌ि	उ	◌े	भ	फ	◌ि	◌ि	◌्
◌्	फ	◌े	स	न	◌ी	व	प	ध	◌ा	द	व	ष	र
◌ि	ध	ठ	ल	प	ल	ट	◌ा	त	अ	र	र	य	◌ा
न	ट	उ	ख	उ	◌ो	व	ख	ण	आ	ट	ण	व	स
क	ल	◌्	प	न	◌ा	ढ	◌्	म	ढ	न	आ	स	द
ह	ङ	छ	ट	ट	न	क	य	प	स	प	क	◌्	◌ी
ण	ह	ष	ध	आ	ए	उ	◌ा	व	थ	व	थ	त	ए
घ	ङ	द	ढ	स	प	श	न	◌ा	ल	◌ु	त	◌ु	र

एनालोजी
विश्लेषण
उपाख्यान
लेखक
जीवनी
तुलना
निष्कर्ष
विवरण
संवाद
कल्पना

रूपक
बयान
उपन्यास
कविता
कवितात्मक
रा. मे.
ताल
शैली
विषयवस्तु
त्रासदी

96 - Geography

ह	ग	इ	इ	क	म	◌े	र	◌ि	ड	◌ि	य	न	छ
ण	स	◌ो	ब	च	◌्	प	श	◌्	च	◌ि	म	ष	ष
ई	र	प	ल	भ	श	ष	◌ा	◌ं	◌्	क	अ	भ	ड
ष	भ	न	◌ो	◌ा	त	ट	◌े	द	क	◌्	ष	◌ि	ण
भ	श	व	◌्	छ	र	य	ठ	त	उ	ष	ग	च	◌्
त	अ	प	ग	प	ग	◌्	◌ी	ग	◌्	ङ	उ	र	य
ध	ट	व	ठ	आ	◌ा	प	द	ढ	य	र	ङ	स	◌ा
ध	न	◌ी	छ	ई	स	न	न	◌्	थ	स	न	आ	◌्
द	र	द	◌्	◌ु	म	स	उ	न	ध	द	क	न	ल
उ	त	◌्	त	र	फ	ध	च	क	ख	◌े	न	आ	इ
इ	ठ	◌ा	क	व	ह	घ	ङ	◌्	ट	श	ह	स	आ
ठ	ख	ह	ट	उ	ण	श	श	स	प	ह	◌ा	ड	ष
ख	ख	म	व	◌ि	श	◌्	व	◌ा	ट	श	श	भ	ञ
य	श	ग	घ	ह	ए	ट	ल	स	इ	ल	◌ा	क	◌ा

एटलस
शहर
महाद्वीप
देश
ग्लोब
गोलार्द्ध
आइल्याण्ड
अक्षांश
नक्सा
मेरिडियन
पहाड
उत्तर
सागर
क्षेत्र
नदी
समुद्र
दक्षिण
इलाका
पश्चिम
विश्व

97 - Pets

म	◌ा	उ	स	ध	ष	ग	उ	ठ	इ	भ	ई	म	ए
स	ह	ग	आ	इ	ग	ट	क	ख	म	आ	ण	ए	र
ख	फ	स	प	आ	फ	र	म	घ	व	ध	क	य	◌ो
स	ह	व	क	स	त	◌्	क	◌ि	च	◌ि	◌ु	श	प
न	ए	आ	च	ए	स	◌ी	स	◌ी	ङ	च	क	व	◌ा
म	क	भ	छ	छ	न	ट	फ	ख	द	प	◌ु	ण	◌े
इ	स	आ	छ	ए	ए	व	ष	प	आ	घ	र	य	छ
च	म	ट	द	घ	द	ट	प	क	फ	य	ल	ल	न
प	घ	इ	◌े	य	र	अ	भ	ख	आ	इ	◌ो	त	क
◌ा	ख	र	स	ल	थ	इ	ढ	ई	न	उ	र	द	फ
न	व	◌ा	◌ु	छ	क	आ	ण	म	◌ा	छ	◌ा	ट	य
◌ी	श	◌ो	ग	र	ख	न	ए	र	◌ा	ग	◌ि	अ	इ
व	अ	र	◌ा	ख	◌्	◌ा	ब	स	ख	त	ब	प	न
थ	ष	उ	इ	ण	म	व	ठ	ञ	प	प	ग	त	ङ

बिरालो
कलर
गाई
कुकुर
माछा
खाना
बाख्रा
ए.सी.सी.
छेपारो
माउस
सुगा
खरगोश
टेल
कछुवा
पशुचिकित्सक
पानी

98 - Jazz

ए	क	ए	प	ङ	त	ग	◌ी	◌ं	स	र	च	प	आ
र	ल	◌ा	त	◌्	आ	त	स	प	◌ु	च	क	◌्	र
न	◌ी	◌्	त	क	र	च	प	व	ध	न	आ	र	◌्
य	◌ै	ह	ब	भ	ल	त	◌ी	ग	◌ा	◌ा	द	स	क
◌ा	श	श	श	म	र	◌ा	◌ि	इ	र	द	ज	◌ि	◌े
◌ँ	श	ठ	क	र	फ	म	क	भ	व	इ	◌ो	द	स
ट	र	◌्	स	◌्	न	क	फ	◌ा	◌ा	व	ड	◌्	◌्
म	क	ह	ष	ड	ह	थ	च	न	र	क	थ	ध	ट
न	◌ा	व	ख	छ	न	ख	आ	स	श	थ	घ	◌ी	◌्
प	त	ह	न	छ	ठ	त	इ	फ	च	ङ	थ	व	र
र	ग	स	अ	ध	भ	उ	ञ	भ	फ	प	ह	◌ि	◌ा
◌्	◌ी	य	छ	स	क	त	ष	क	श	उ	र	र	व
न	◌ं	प	◌ु	र	◌ा	न	◌ो	छ	य	श	अ	◌्	स
◌े	स	उ	थ	आ	श	ख	ग	उ	छ	उ	म	प	प

एल्बम
कलाकार
संगीतकार
रचना
कन्सर्ट
ड्रम
जोड
प्रसिद्ध
मनपर्ने
सुधार
संगीत
नयाँ
पुरानो
आर्केस्ट्रा
ताल
गीत
शैली
प्रतिभा
प्रविधी

99 - Vacation #2

प	ट	ग	ट	त	फ	ट	य	घ	ढ	ठ	व	य	म
ञ	◌्	न	ञ	◌ी	ई	उ	अ	ह	उ	र	ख	◌ा	भ
ङ	य	◌्	ह	◌ो	ट	ल	◌ा	प	ई	द	श	त	◌ि
य	◌ा	त	आ	इ	ल	◌्	य	◌ा	ण	◌्	ड	◌ा	स
◌ा	क	व	ग	ष	भ	ढ	◌ु	त	फ	◌ु	स	य	◌ा
त	◌्	◌्	ग	उ	आ	छ	ह	छ	◌ु	म	म	◌ा	व
◌्	स	य	ट	◌्	र	◌े	न	प	र	स	◌ु	त	◌ि
र	◌ी	ए	थ	ष	च	फ	अ	इ	◌्	ष	द	स	म
◌ा	श	घ	ह	ठ	म	त	ई	स	स	ध	◌्	आ	◌ा
थ	◌ी	म	न	ढ	ह	प	न	ठ	द	ए	र	प	न
थ	द	ठ	प	◌ा	स	प	◌ो	र	◌्	ट	त	र	स
र	◌े	स	◌्	ट	◌ु	र	◌े	न	◌्	ट	ट	आ	◌्
च	◌ि	आ	न	क	◌्	स	◌ा	त	ङ	ञ	च	क	थ
थ	व	ह	ण	न	स	क	ठ	च	ट	ङ	अ	ढ	ल

विमानस्थल
समुद्र तट
गन्तव्य
विदेशी
छुट्टी
होटल
आइल्याण्ड
यात्रा
फुर्सद
नक्सा
पासपोर्ट
रेस्टुरेन्ट
समुद्र
ट्याक्सी
पाल
ट्रेन
यातायात
भिसा

100 - Electricity

न	उ	र	◌ा	त	◌्	◌ा	म	ल	ढ	न	ष	अ	च
र	◌े	◌ी	अ	ष	ण	क	ए	ब	श	क	फ	उ	उ
त	अ	ट	ई	ट	र	स	क	◌े	ट	◌ा	स	इ	इ
स	त	◌्	व	ख	ड	द	ल	क	म	र	क	ट	र
न	ई	य	श	र	◌ा	ङ	◌े	ट	ए	◌ा	◌ा	◌े	इ
स	घ	◌ा	म	◌ू	◌्	स	ज	अ	स	त	र	ल	भ
द	फ	◌्	छ	ह	ण	क	र	ख	श	◌्	◌ा	◌ि	छ
ठ	व	ब	व	त	भ	प	अ	इ	प	म	त	फ	द
च	त	ण	आ	◌ु	स	न	ढ	क	अ	क	◌्	◌ो	◌ी
य	◌ु	इ	त	◌्	य	◌ु	द	◌्	◌ि	व	म	न	प
आ	ख	म	र	स	ठ	ट	ह	ण	इ	भ	क	छ	क
ञ	स	भ	◌्	व	ट	◌े	ल	◌ि	भ	◌ि	ज	न	भ
ञ	न	ठ	न	ब	म	च	अ	उ	थ	भ	ढ	छ	क
त	ठ	म	घ	ण	क	ध	थ	भ	ञ	ए	ई	य	प

ब्याट्री
केबल
विद्युत्
दीपक
लेजर
चुम्बक
नकारात्मक
नेटवर्क
वस्तुहरू
सकारात्मक
मात्रा
सकेट
भण्डारण
टेलिफोन
टेलिभिजन

1 - Antiques

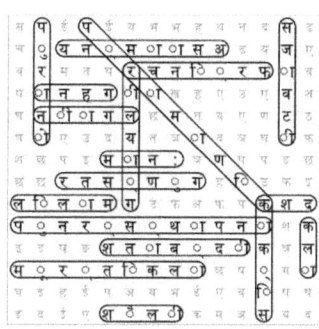

2 - Food #1

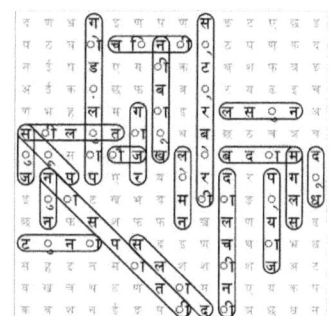

3 - Measurements

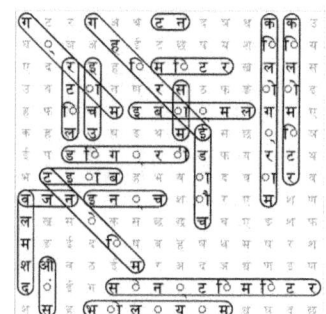

4 - Farm #2

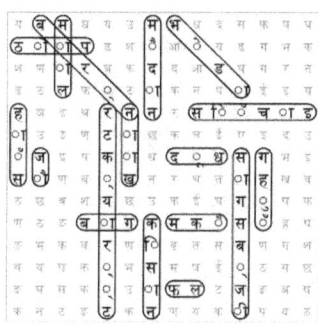

5 - Books

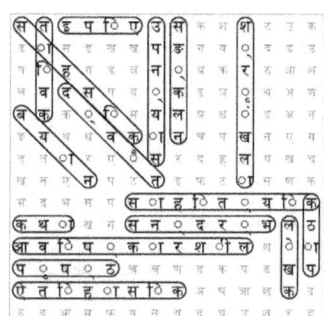

6 - Meditation

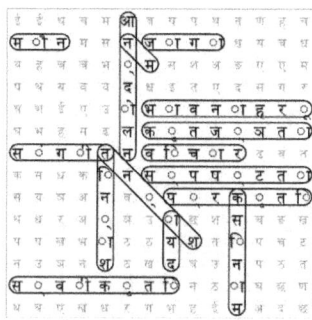

7 - Days and Months

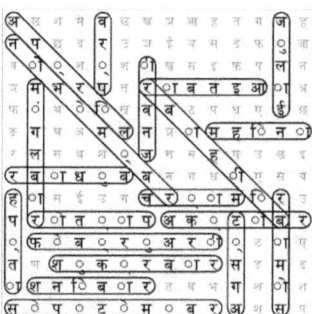

8 - Energy

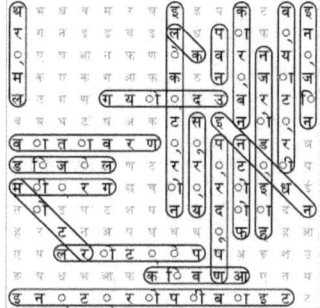

9 - Chess

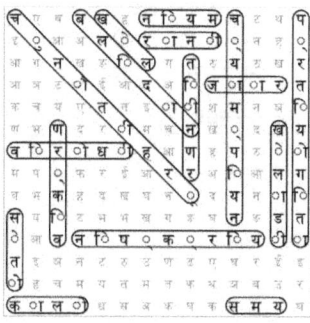

10 - Food #2

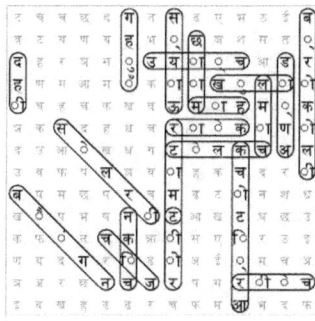

11 - Chemistry

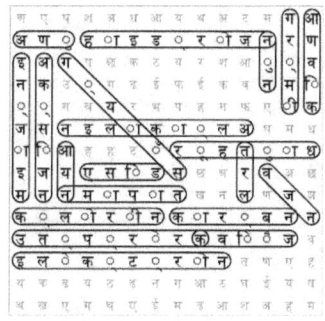

12 - Music

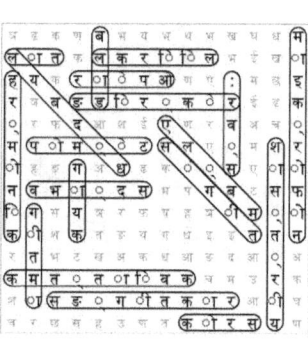

13 - Family

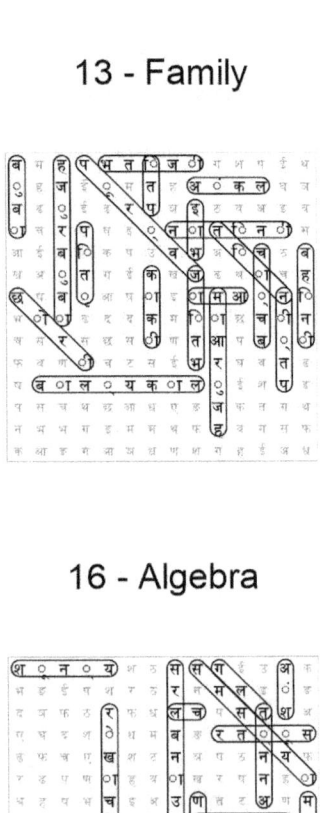

14 - Farm #1

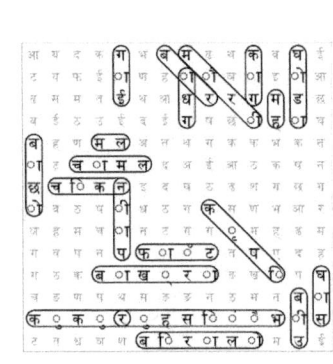

15 - Camping

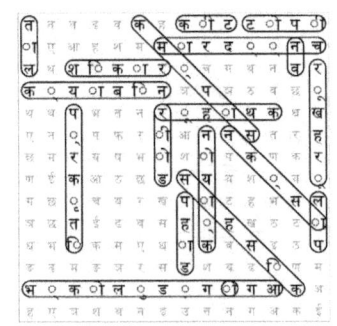

16 - Algebra

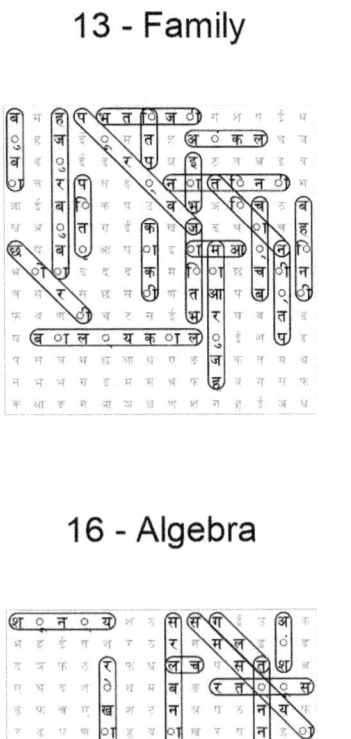

17 - Numbers

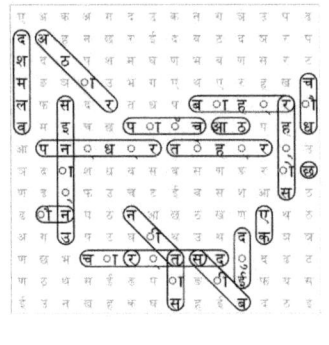

18 - Spices

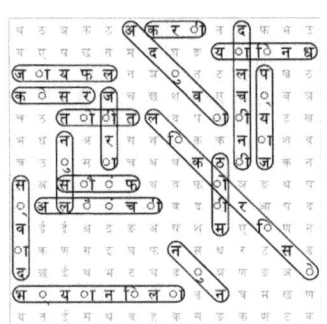

19 - Universe

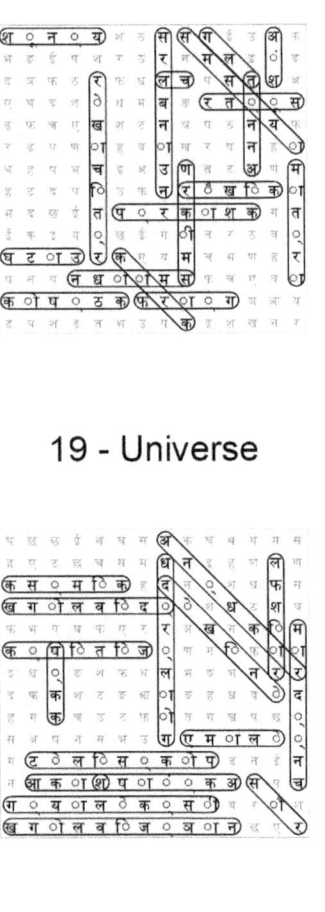

20 - Mammals

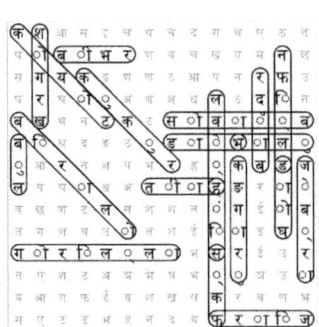

21 - Fishing

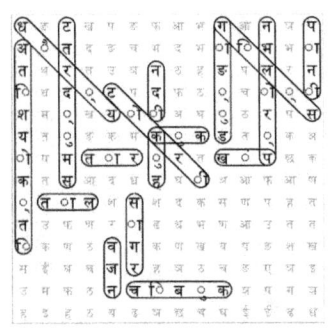

22 - Restaurant #1

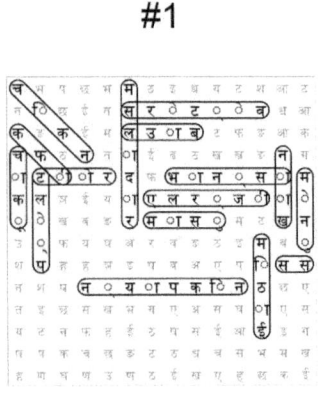

23 - Bees

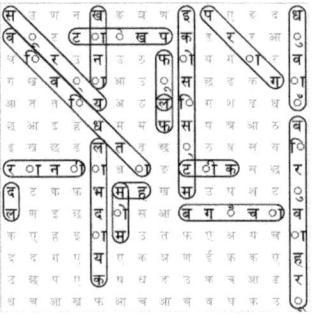

24 - Photography

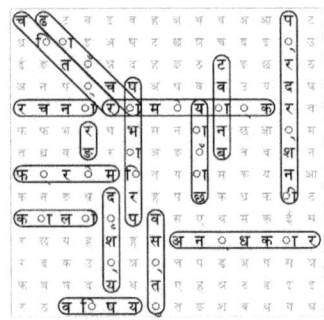

25 - Weather

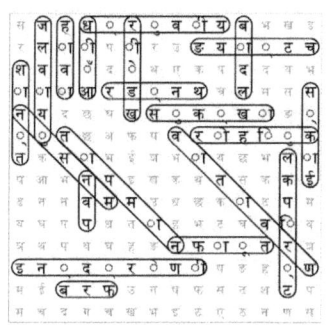

26 - Adventure

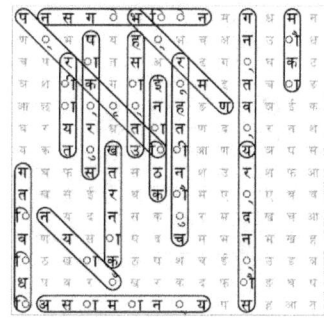

27 - Sport

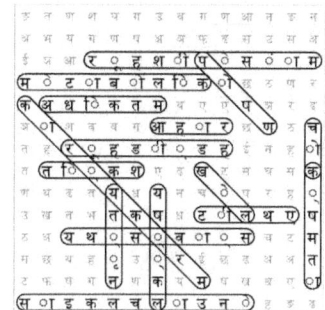

28 - Circus

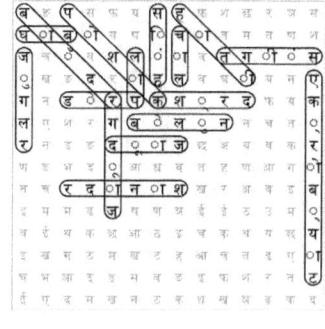

29 - Geology

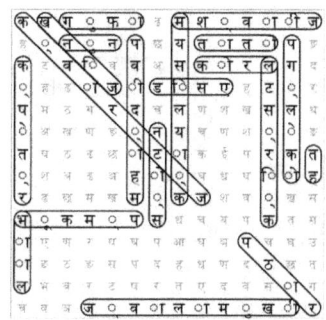

30 - House

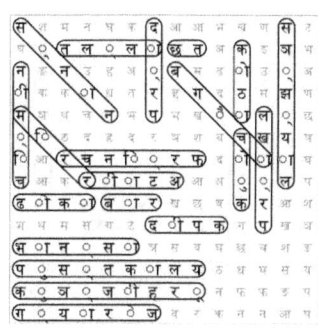

31 - Physics

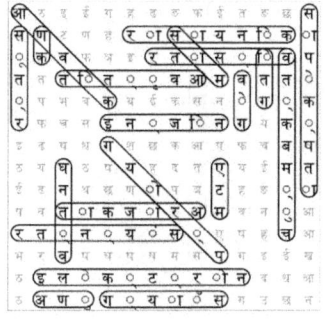

32 - Dance

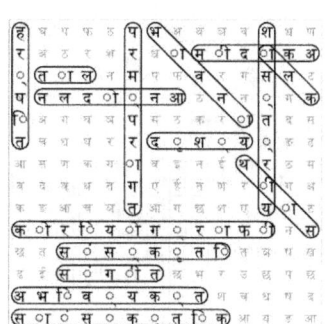

33 - Coffee

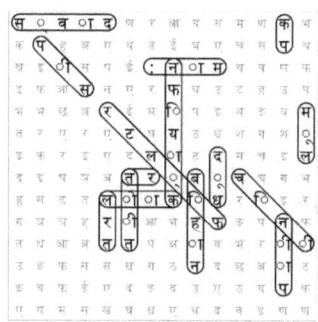

34 - Colors

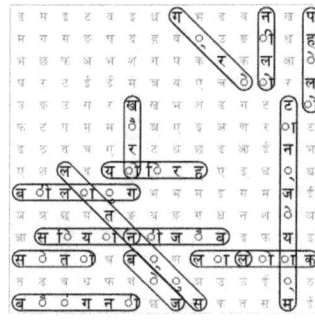

35 - Shapes

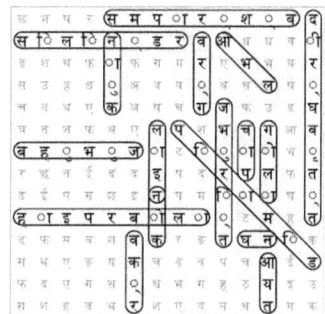

36 - Scientific Disciplines

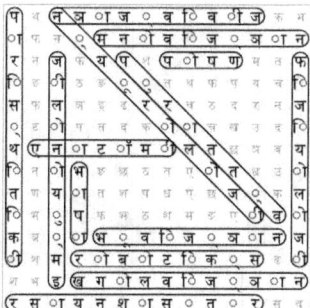

37 - Science

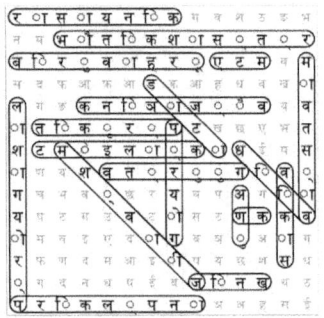

38 - Beauty

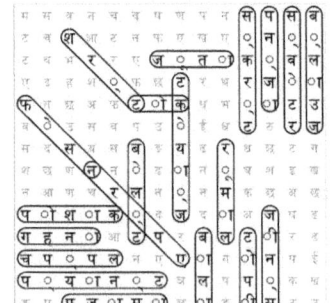

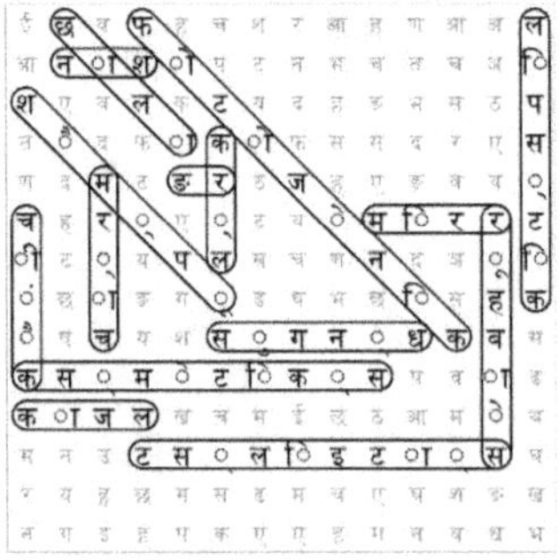

39 - Clothes

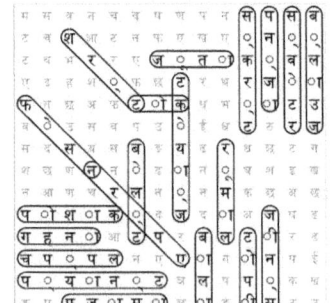

40 - Ethics

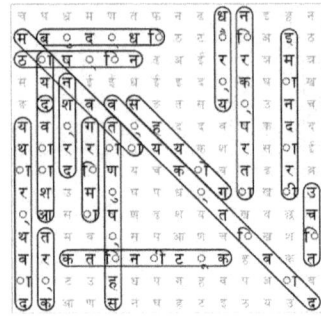

41 - Astronomy

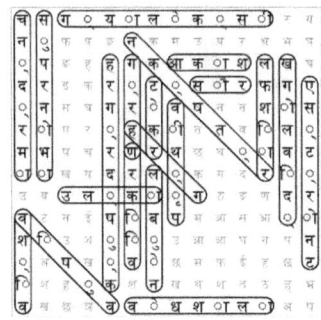

42 - Health and Wellness #2

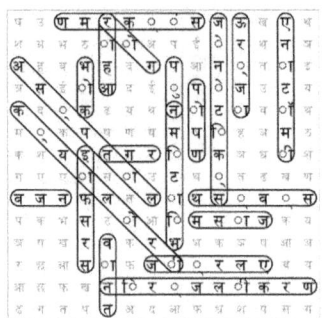

43 - Time

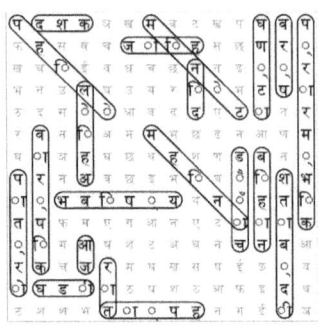

44 - Buildings

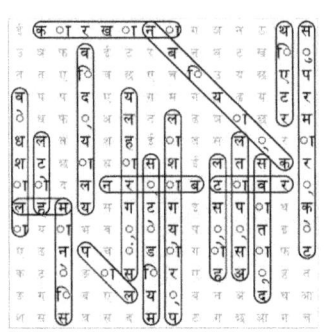

45 - Philanthropy

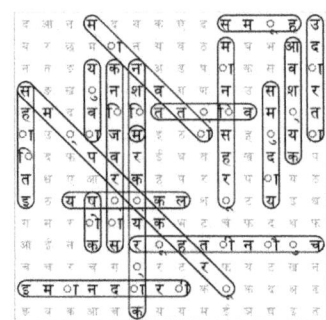

46 - Herbalism

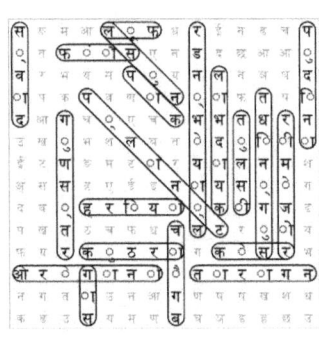

47 - Vehicles

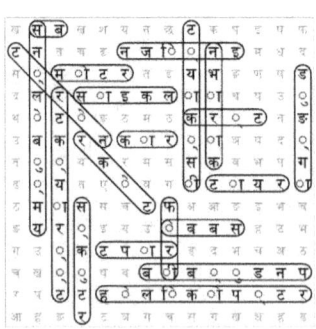

48 - Flowers

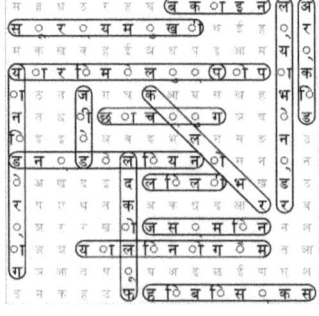

49 - Health and Wellness #1

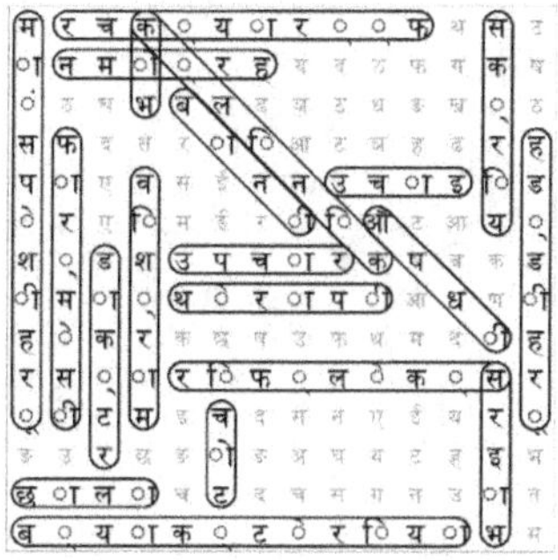

50 - Town

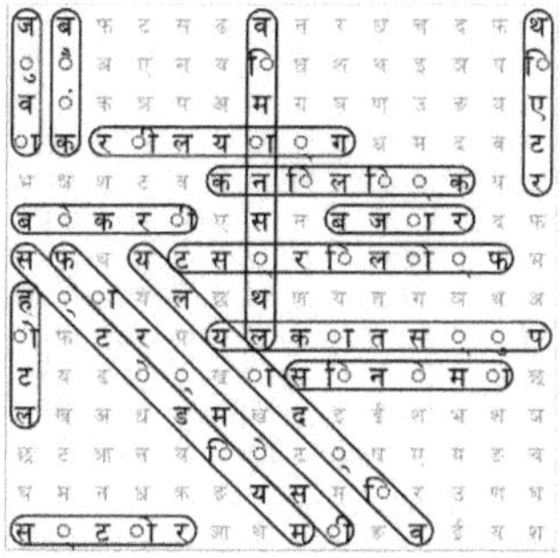

51 - Antarctica

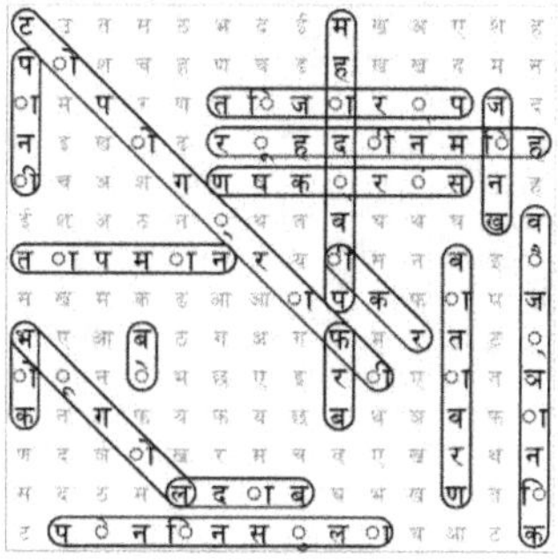

52 - Human Body

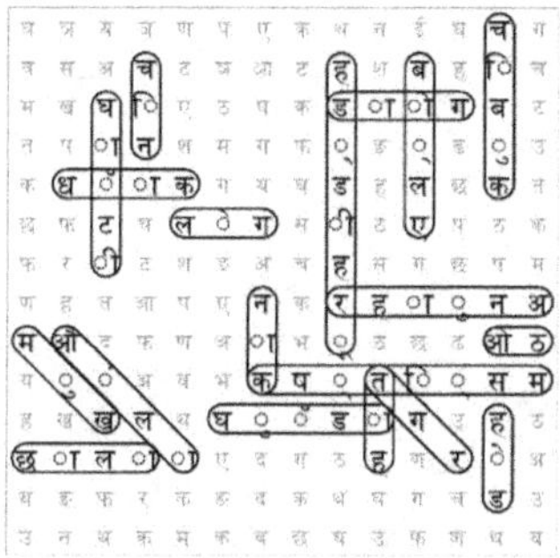

53 - Musical Instruments

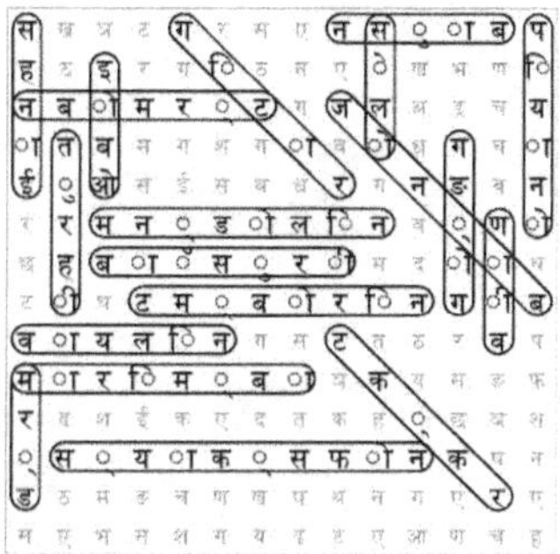

54 - Fruit

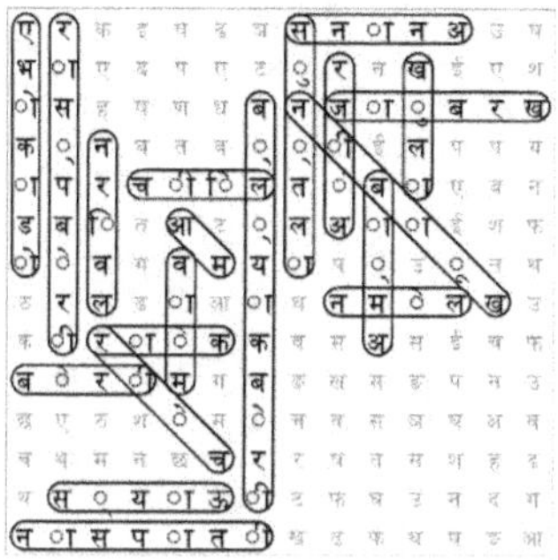

55 - Virtues #1

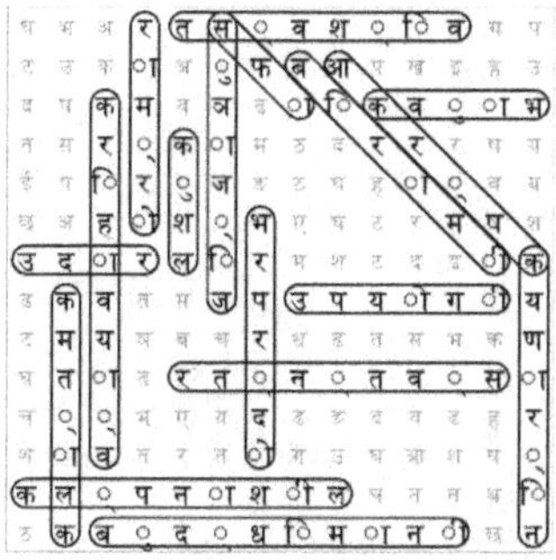

56 - Engineering

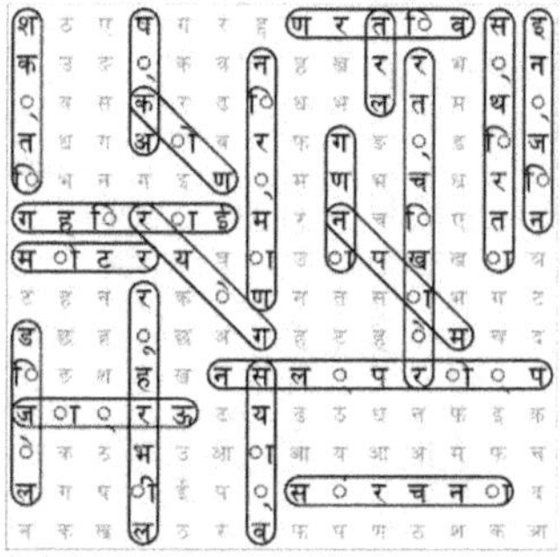

57 - Kitchen

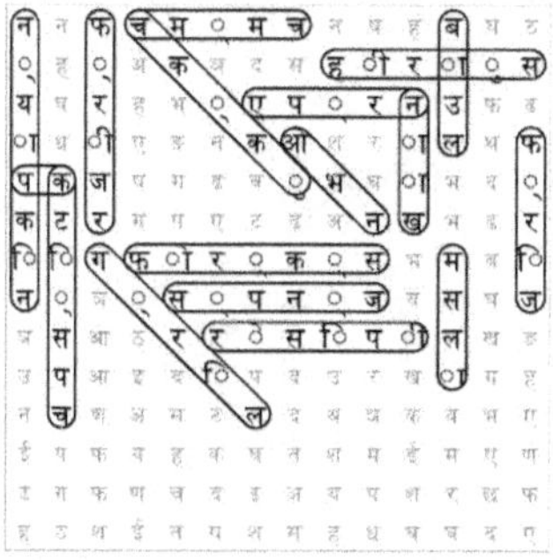

58 - Government

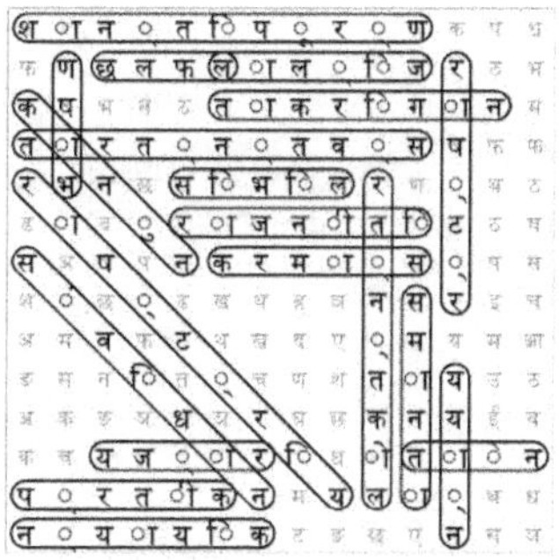

59 - Science Fiction

60 - Geometry

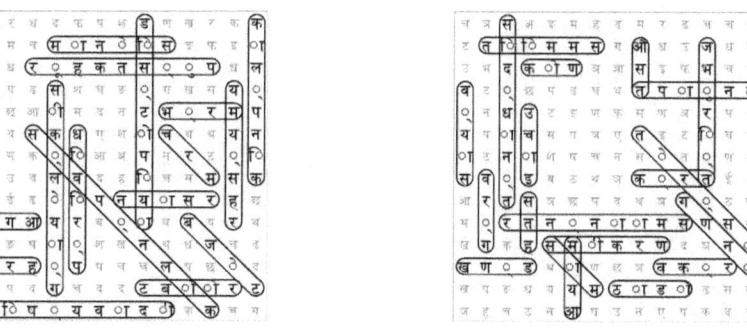

61 - Creativity

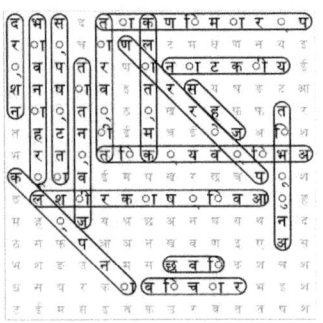

62 - Airplanes

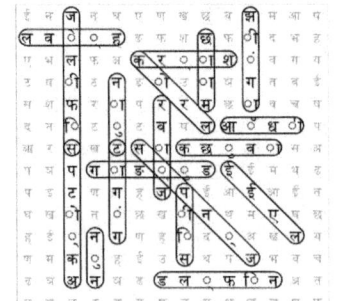

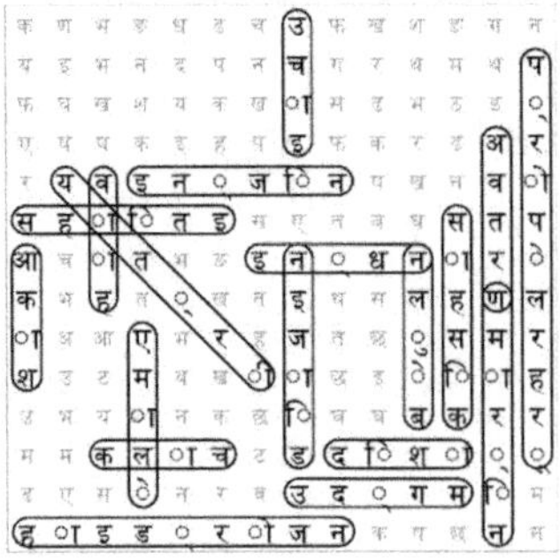

63 - Ocean

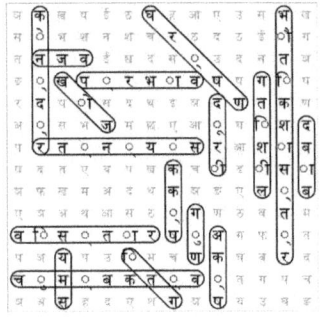

64 - Force and Gravity

65 - Birds

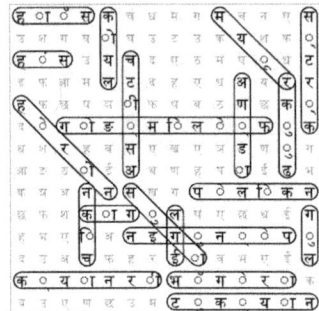

66 - Art

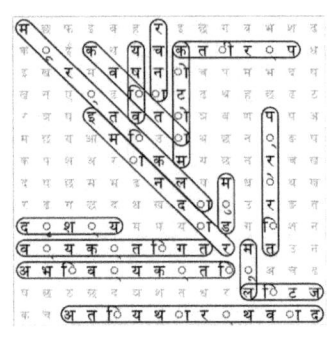

67 - Politics

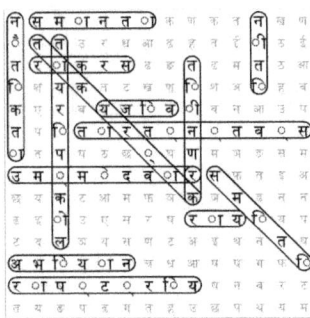

68 - Nutrition

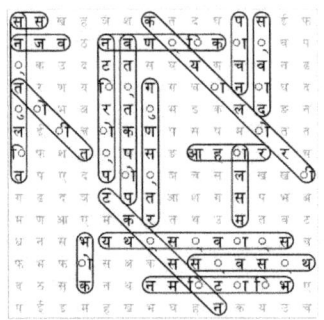

69 - Hiking

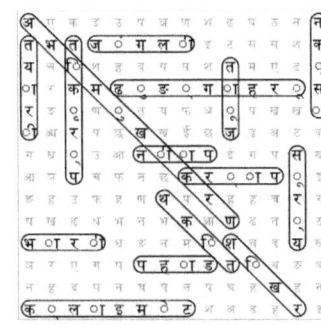

70 - Professions #1

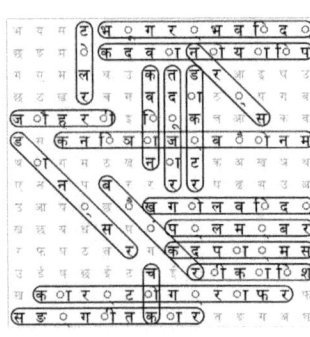

71 - Barbecues

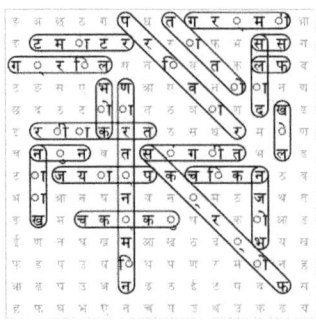

72 - Vegetables

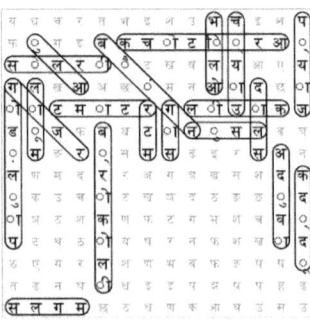

73 - The Media

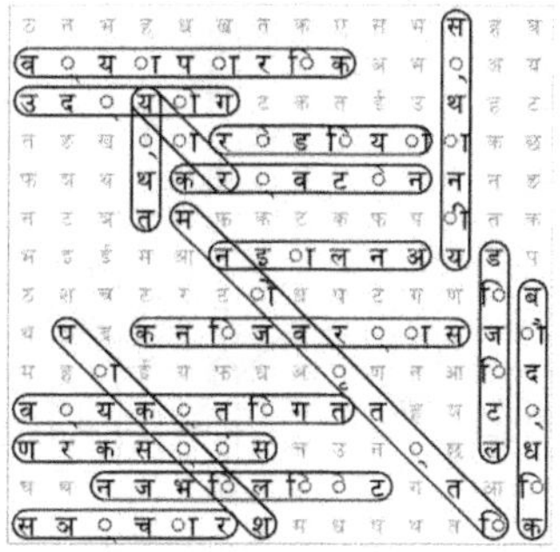

74 - Boats

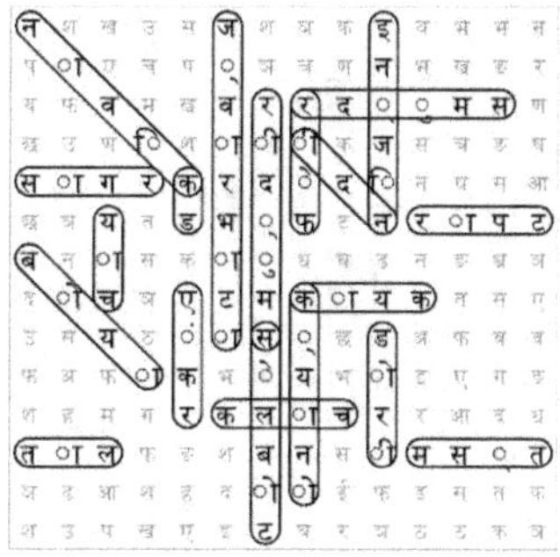

75 - Activities and Leisure

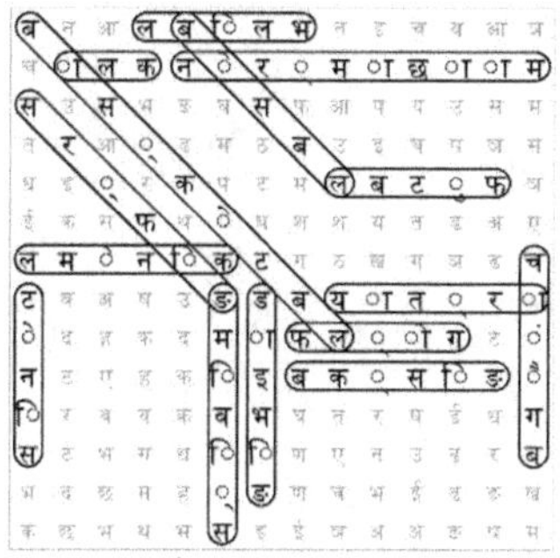

76 - Driving

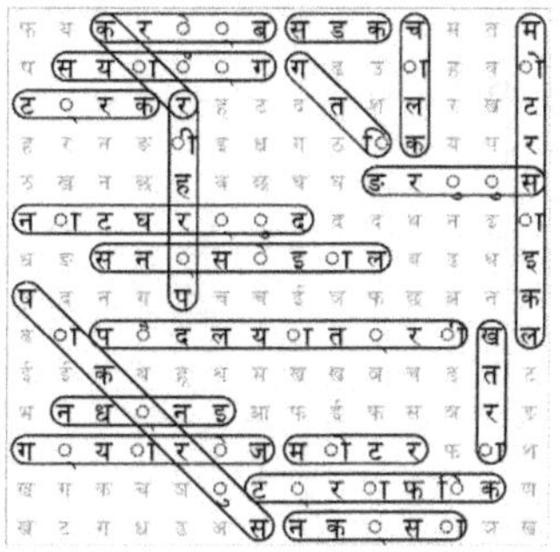

77 - Professions #2

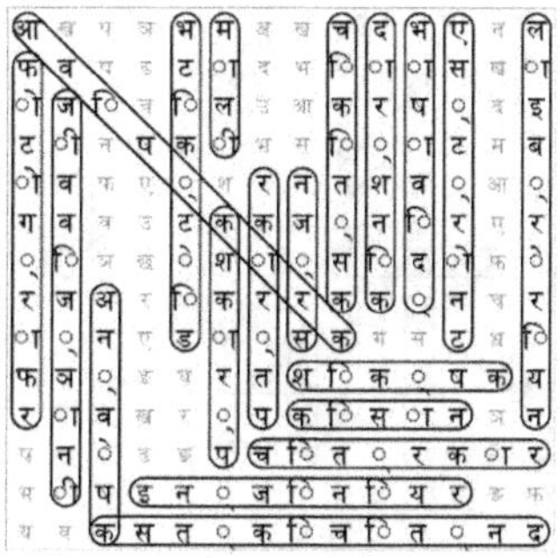

78 - Mythology

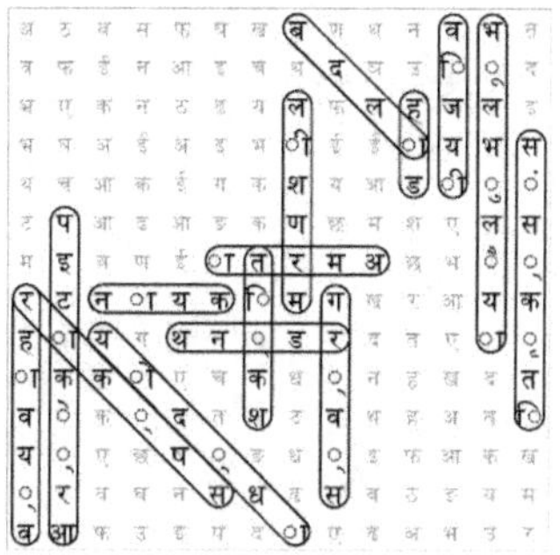

79 - Garden

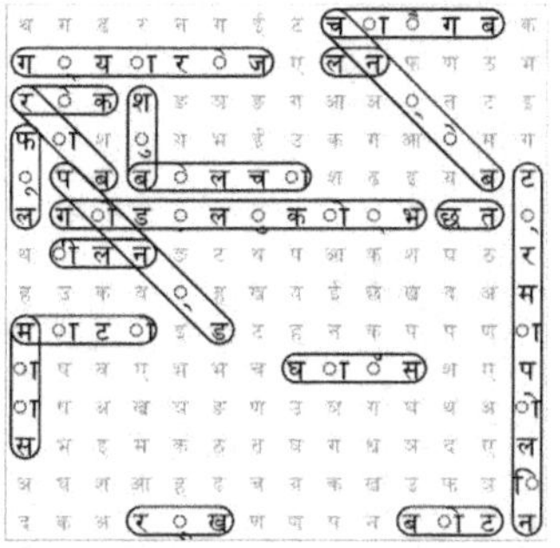

80 - Diplomacy

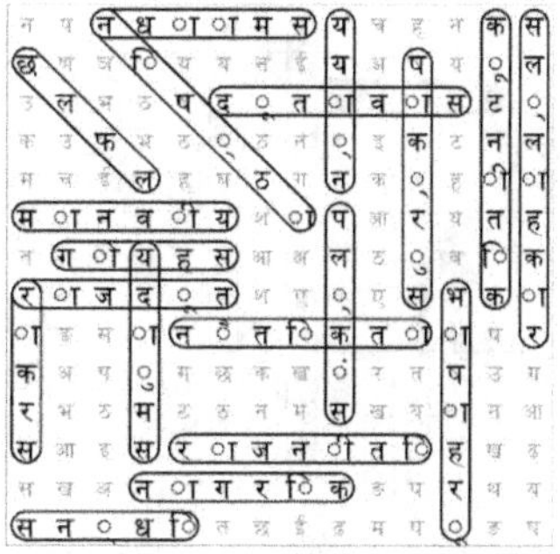

81 - Beach

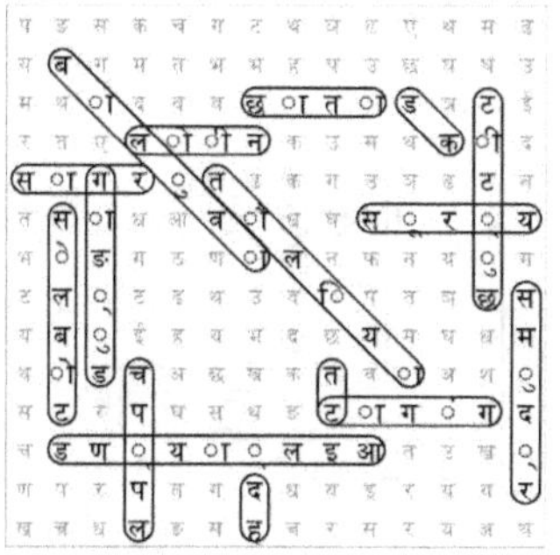

82 - Countries #1

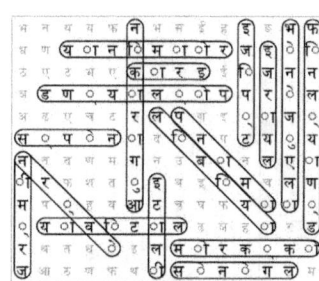

83 - Adjectives #1

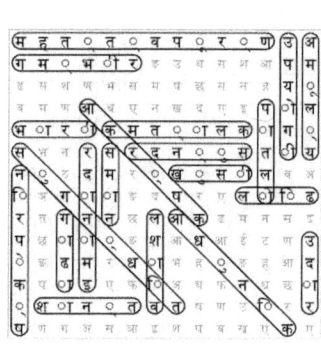

84 - Rainforest

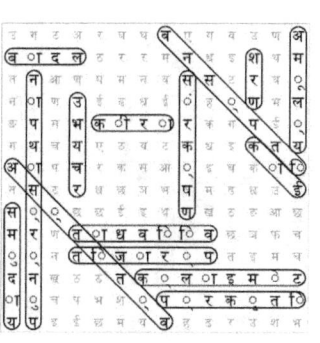

85 - Technology

86 - Landscapes

87 - Plants

88 - Countries #2

89 - Adjectives #2

90 - Psychology

91 - Math

92 - Water

93 - Money

94 - Business

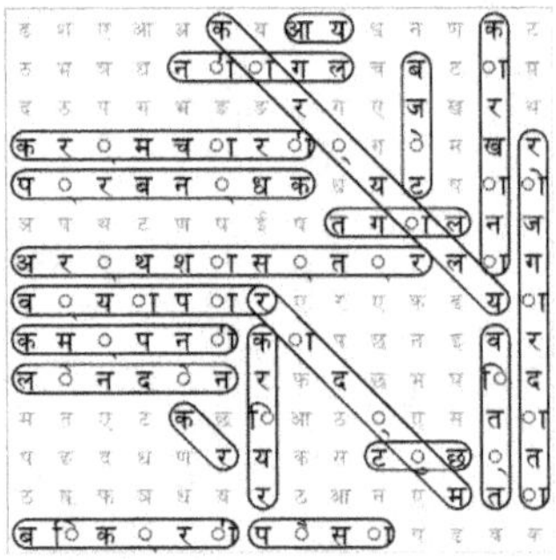

95 - Literature

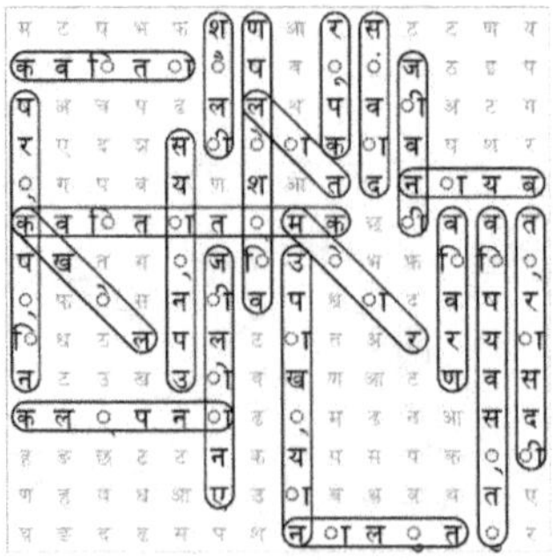

96 - Geography

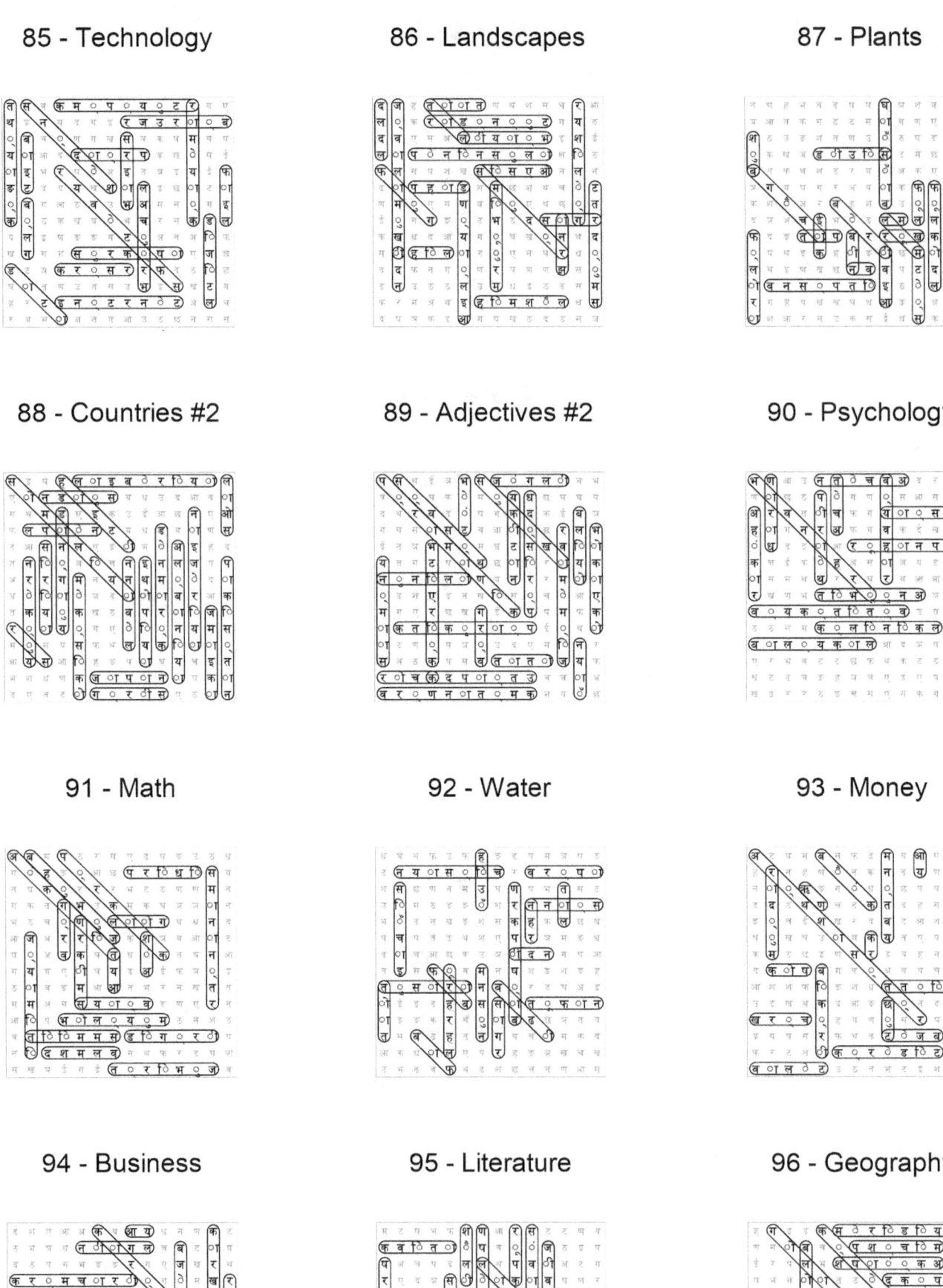

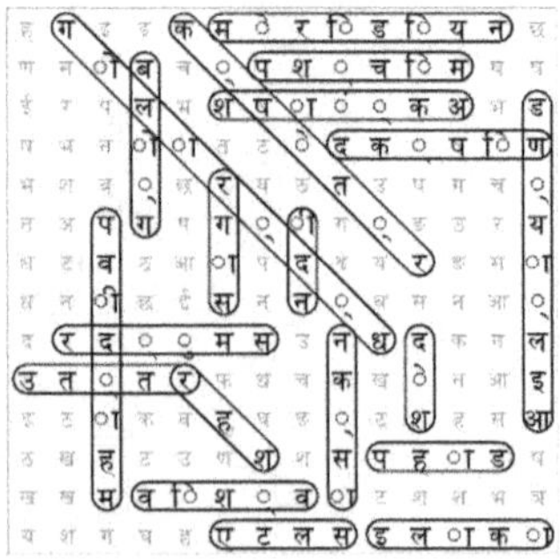

97 - Pets

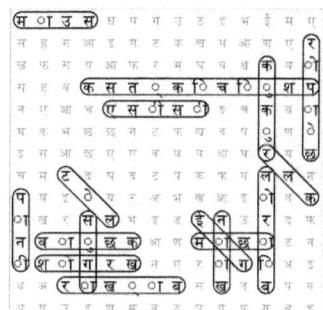

98 - Jazz

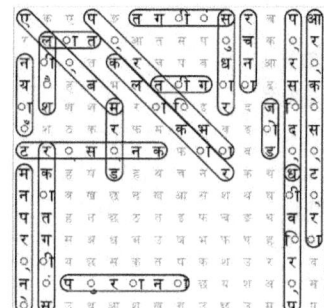

99 - Vacation #2

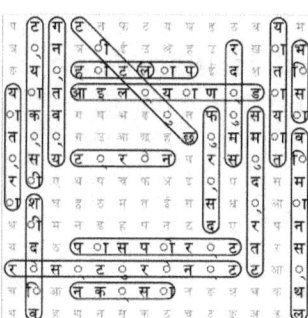

100 - Electricity

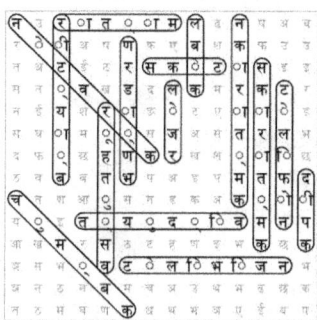

Dictionary

Activities and Leisure
गतविधिहिरु र अवकाश

Art	कला
Baseball	बेसबल
Basketball	बास्केटबल
Boxing	बक्सङि
Diving	डाइभङि
Fishing	माछा मार्ने
Gardening	बगैंचा
Golf	गोल्फ
Shopping	कनिमेल
Soccer	फुटबल
Surfing	सर्फङि
Swimming	स्वमिङि
Tennis	टेनसि
Travel	यात्रा
Volleyball	भलबिल

Adjectives #1
वशिषण # 1

Absolute	नरिपेक्ष
Aromatic	सुगन्धति
Artistic	कलात्मक
Attractive	आकर्षक
Beautiful	सुन्दर
Dark	गाढा
Generous	उदार
Happy	खुसी
Heavy	भारी
Helpful	उपयोगी
Honest	इमानदार
Huge	वशिाल
Identical	समान
Important	महत्त्वपूर्ण
Modern	आधुनकि
Quiet	शान्त
Serious	गम्भीर
Slow	ढलिो
Thin	पातलो
Valuable	अमूल्य

Adjectives #2
वशिषण # 2

Authentic	प्रामाणकि
Creative	क्रएिटभि
Descriptive	वर्णनात्मक
Dramatic	नाटकीय
Dry	सुक्खा
Famous	प्रसद्धि
Gifted	भेंट
Healthy	स्वस्थ
Hot	तातो
Hungry	भोकाएको
Interesting	रोचक
Natural	प्राकृतकि
New	नयाँ
Normal	सामान्य
Productive	उत्पादक
Proud	गर्व
Responsible	जमि्मेवार
Salty	नुनलिो
Strong	बलयिो
Wild	जंगली

Adventure
साहसकि

Activity	गतविधि
Beauty	सौन्दर्य
Challenges	चुनौतीहरू
Chance	मौका
Dangerous	खतरनाक
Destination	गन्तव्य
Difficulty	कठनिाई
Enthusiasm	उत्साह
Excursion	भ्रमण
Nature	प्रकृति
Navigation	नेभगिसन
New	नयाँ
Preparation	तयारी
Safety	सुरक्षा
Unusual	असामान्य

Airplanes
हवाईजहाज

Adventure	साहसकि
Air	हावा
Atmosphere	एमाले
Balloon	बेलुन
Construction	नर्िमाण
Crew	चालक
Descent	उद्गम
Design	डजिाइन
Direction	दशिा
Engine	इन्जनि
Fuel	इन्धन
Height	उचाइ
History	इतहिास
Hydrogen	हाइड्रोजन
Landing	अवतरण
Passenger	यात्री
Propellers	प्रोपेलरहरू
Sky	आकाश

Algebra
बीजगणति

Diagram	रेखाचत्रि
Equation	समीकरण
Exponent	प्रकाशक
Factor	कारक
False	गलत
Formula	सूत्र
Fraction	अंश
Graph	ग्राफ
Infinite	अनन्त
Linear	रैखकि
Matrix	म्याट्रक्सि
Parenthesis	कोष्ठक
Problem	समस्या
Quantity	मात्रा
Simplify	सरल बनाउन
Solution	समाधान
Subtraction	घटाउ
Variable	चल
Zero	शून्य

Antarctica
अन्टार्कटिका

Bay	बे
Clouds	बादल
Conservation	संरक्षण
Continent	महाद्वीप
Cove	कोभ
Environment	वातावरण
Geography	भूगोल
Glaciers	हमिनदीहरू
Ice	बरफ
Minerals	खनजि
Penguins	पेन्गुइनहरू
Peninsula	पेननिसुला
Rocky	रकी
Scientific	वैज्ञानकि
Species	प्रजाति
Temperature	तापमान
Topography	टोपोग्राफी
Water	पानी

Antiques
प्राचीन वस्तुहरू

Art	कला
Auction	ललिाम
Authentic	प्रामाणकि
Century	शताब्दी
Coins	सक्किा
Decades	दशक
Decorative	सजावटी
Furniture	फर्नचिर
Gallery	ग्यालरी
Investment	लगानी
Jewelry	गहना
Old	पुरानो
Price	मान:
Quality	गुणस्तर
Restoration	पुनर्स्थापना
Sculpture	मूर्तकिला
Style	शैली
Unusual	असामान्य

Art
कला

Ceramic	माटोको
Complex	जटलि
Composition	रचना
Expression	अभव्यिक्ति
Honest	इमानदार
Inspired	प्रेरति
Mood	मुड
Original	मूल
Personal	व्यक्तगित
Poetry	कवति
Sculpture	मूर्तकिला
Subject	वषिय
Surrealism	अतयिथार्थवाद
Symbol	प्रतीक
Visual	दृश्य

Astronomy
खगोल वज्ञिान

Asteroid	क्षुद्रग्रह
Astronaut	एसट्रोनट
Astronomer	खगोलवदि्
Constellation	नक्षत्र
Cosmos	वश्वि
Earth	पृथ्वी
Eclipse	ग्रहण
Equinox	वषुिव
Galaxy	ग्यालेक्सी
Meteor	उल्का
Moon	चन्द्रमा
Nebula	नेबुला
Observatory	वेधशाला
Planet	ग्रह
Radiation	वकिरिण
Rocket	रकेट
Sky	आकाश
Solar	सौर
Supernova	सुपरनोभा
Zodiac	राशफिल

Barbecues
बारबेक्यू

Chicken	चकिन
Family	परविार
Food	खाना
Forks	फोर्क्स
Fruit	फल
Games	खेल
Grill	ग्रलि
Hot	तातो
Hunger	भोक
Invitation	नमिन्त्रणा
Knives	चक्कु
Lunch	भोजन
Music	संगीत
Onions	प्याज
Salads	सलाद
Salt	नुन
Sauce	सस
Summer	गर्मी
Tomatoes	टमाटर
Vegetables	तरकारी

Beach
समुद्र तट

Blue	नीलो
Boat	डुङ्गा
Coast	तट
Crab	गंगटा
Dock	डक
Island	आइल्याण्ड
Lagoon	दह
Ocean	सागर
Sailboat	सेलबोट
Sand	बालुवा
Sandals	चप्पल
Sea	समुद्र
Sun	सूर्य
Towel	तौलयिा
Umbrella	छाता
Vacation	छुट्टी

Beauty
सौन्दर्य

Charm	चार्म
Color	रङ
Cosmetics	कस्मेटक्सि
Curls	कर्ल
Elegance	शान
Fragrance	सुगन्ध
Lipstick	लपिस्टकि
Mascara	काजल
Mirror	मरिर
Photogenic	फोटोजेनकि
Scissors	कैंची
Services	सेवाहरू
Shampoo	शैम्पू
Skin	छाला
Stylist	स्टाइलस्टि

Bees
मौरीले

Beneficial	लाभदायक
Diversity	वविधिता
Ecosystem	इकोसस्टिम
Flowers	फूल
Food	खाना
Fruit	फल
Garden	बगैचा
Honey	मह
Insect	कीट
Plants	बरिुवाहरू
Pollen	पराग
Queen	रानी
Smoke	धुवाँ
Sun	सूर्य
Swarm	दल
Wax	मोम
Wings	पखेटा

Birds
चराहरू

Canary	क्यानरी
Chicken	चकिन
Crow	काग
Cuckoo	कोयल
Dove	ढुकुर
Duck	हाँस
Eagle	ईगल
Egg	अण्डा
Flamingo	फ्लेमङ्गिो
Gull	गुल
Heron	हेरोन
Ostrich	अस्टीच
Parrot	सुगा
Peacock	मयूर
Pelican	पेलकिन
Penguin	पेन्गुइन
Sparrow	भँगेरा
Stork	स्टर्क
Swan	हंस
Toucan	टुक्यान

Boats
डुङ्गाहरू

Anchor	एंकर
Buoy	बोया
Canoe	क्यानो
Crew	चालक
Dock	डक
Engine	इन्जनि
Ferry	फेरी
Kayak	कयाक
Lake	ताल
Mast	मस्त
Nautical	समुद्री
Ocean	सागर
Raft	राफ्ट
River	नदी
Rope	डोरी
Sailboat	सेलबोट
Sailor	नावकि
Sea	समुद्र
Tide	ज्वारभाटा
Yacht	याच

Books
पुस्तकहरू

Adventure	साहसकि
Author	लेखक
Collection	सङ्कलन
Context	सन्दर्भ
Duality	द्वैत
Epic	इपएि
Historical	ऐतहिासकि
Inventive	आवष्किारशील
Literary	साहत्यिकि
Narrator	बयान
Novel	उपन्यास
Page	पृष्ठ
Poetry	कवतिा
Reader	पाठक
Series	श्रृंखला
Story	कथा

Buildings
भवनहरू

Apartment	अपार्टमेन्ट
Barn	बार्न
Cabin	क्याबनि
Castle	महल
Cinema	सनिमा
Embassy	दूतावास
Factory	कारखाना
Hospital	अस्पताल
Hostel	होस्टल
Hotel	होटल
Laboratory	प्रयोगशाला
Museum	संग्रहालय
Observatory	वेधशाला
School	वद्यिालय
Stadium	स्टेडयिम
Supermarket	सुपरमार्केट
Tent	पाल
Theater	थएिटर
Tower	टावर
University	वश्विवद्यिालय

Business
व्यापार

Budget	बजेट
Career	करियर
Company	कम्पनी
Cost	लागत
Currency	मुद्रा
Discount	छुट
Economics	अर्थशास्त्र
Employee	कर्मचारी
Employer	रोजगारदाता
Factory	कारखाना
Finance	वित्त
Income	आय
Investment	लगानी
Manager	प्रबन्धक
Merchandise	व्यापार
Money	पैसा
Office	कार्यालय
Sale	बिक्री
Taxes	कर
Transaction	लेनदेन

Camping
क्याम्पिङ

Adventure	साहसिक
Cabin	क्याबिन
Canoe	क्यानो
Compass	कम्पास
Fire	आगो
Forest	वन
Hammock	झोलुङ्गो
Hat	टोपी
Hunting	शिकार
Insect	कीट
Lake	ताल
Map	नक्सा
Moon	चन्द्रमा
Mountain	पहाड
Nature	प्रकृति
Rope	डोरी
Stories	कथाहरू
Tent	पाल
Trees	रूखहरू

Chemistry
रसायनशास्त्र

Acid	एसिड
Alkaline	अल्कालाइन
Carbon	कार्बन
Catalyst	उत्प्रेरक
Chlorine	क्लोरीन
Electron	इलेक्ट्रोन
Enzyme	इन्जाइम
Gas	ग्याँस
Heat	गर्मी
Hydrogen	हाइड्रोजन
Ion	आयन
Liquid	तरल
Metals	धातुहरू
Molecule	अणु
Nuclear	आणविक
Organic	जैविक
Oxygen	अक्सिजन
Salt	नुन
Temperature	तापमान
Weight	वजन

Chess
चेस

Black	कालो
Challenges	चुनौतीहरू
Champion	च्याम्पियन
Contest	प्रतियोगिता
Diagonal	विकिर्ण
Game	खेल
King	राजा
Opponent	विरोधी
Passive	निष्क्रिय
Player	खेलाडी
Queen	रानी
Rules	नियम
Sacrifice	बलिदान
Strategy	रणनीति
Time	समय
White	सेतो

Circus
सर्कस

Acrobat	एक्रोब्याट
Balloons	बेलुन
Costume	पोशाक
Elephant	हाती
Juggler	जुगलर
Lion	सिंह
Magic	जादू
Magician	जादूगर
Monkey	बाँदर
Music	संगीत
Parade	परेड
Spectacular	शानदार
Spectator	दर्शक
Tent	पाल
Tiger	बाघ
Trick	चाल

Clothes
लुगा

Apron	एप्रन
Belt	बेल्ट
Blouse	ब्लाउज
Bracelet	बाला
Coat	कोट
Dress	पोशाक
Fashion	फेसन
Gloves	पन्जा
Hat	टोपी
Jacket	ज्याकेट
Jeans	जीन्स
Jewelry	गहना
Pajamas	पजामा
Pants	प्यान्ट
Sandals	चप्पल
Scarf	रूमाल
Shirt	शर्ट
Shoe	जूता
Skirt	स्कर्ट
Sweater	स्वेटर

Coffee
कफी

Bitter	तीतो
Black	कालो
Caffeine	क्याफनि
Cream	तर
Cup	कप
Filter	फल्टिर
Flavor	स्वाद
Grind	पीस
Liquid	तरल
Milk	दूध
Morning	बहिान
Origin	मूल
Price	मान:
Sugar	चनिी
Water	पानी

Colors
रंगहरू

Azure	ट्याबनेतृत्व
Beige	बेज
Black	कालो
Blue	नीलो
Brown	खैरो
Cyan	सयिान
Green	हरयिो
Grey	ग्रे
Magenta	म्याजेन्टा
Orange	सुन्तला
Pink	गुलाबी
Purple	बैजनी
Red	लाल
Violet	बैंगनी
White	सेतो
Yellow	पहेलो

Countries #1
देश नम्बर १

Brazil	ब्राजलि
Canada	क्यानाडा
Egypt	इजप्टि
Finland	फनिल्याण्ड
Germany	जर्मनी
Iraq	इराक
Israel	इजरायल
Italy	इटाली
Latvia	लाटवयिा
Libya	लबियिा
Morocco	मोरक्को
Nicaragua	नकिारागुआ
Norway	नर्वे
Panama	पनामा
Poland	पोल्याण्ड
Romania	रोमानयिा
Senegal	सेनेगल
Spain	स्पेन
Venezuela	भेनेजुएला
Vietnam	भयितनाम

Countries #2
देश नम्बर २

Albania	अल्बानयिा
Denmark	डेनमार्क
Ethiopia	इथोपयिा
Greece	ग्रीस
Haiti	हाइटी
Jamaica	जमाइका
Japan	जापान
Laos	लाओस
Lebanon	लेबनान
Liberia	लाइबेरयिा
Mexico	मेक्सकिो
Nepal	नेपाल
Nigeria	नाइजेरयिा
Pakistan	पाकस्तिान
Russia	रुस
Somalia	सोमालयिा
Sudan	सुडान
Syria	सरियिा
Uganda	युगान्डा
Ukraine	युक्रेन

Creativity
रचनात्मकता

Artistic	कलात्मक
Authenticity	प्रमाणकिता
Clarity	स्पष्टता
Dramatic	नाटकीय
Emotions	भावनाहरू
Expression	अभव्यिक्ति
Ideas	वचिार
Image	छवि
Imagination	कल्पना
Inspiration	प्रेरणा
Intensity	तीव्रता
Inventive	आवष्किारशील
Sensation	अनुभूति
Spontaneous	सहज
Visions	दर्शन
Vitality	जीवन्तता

Dance
नृत्य

Academy	अकादमी
Art	कला
Choreography	कोरयिोग्राफी
Classical	शास्त्रीय
Cultural	सांस्कृतकि
Culture	संस्कृति
Emotion	भावना
Expressive	अभव्यिक्त
Joyful	हर्षति
Movement	आन्दोलन
Music	संगीत
Partner	साथी
Rhythm	ताल
Traditional	परम्परागत
Visual	दृश्य

Days and Months
दनि र महनिाहरू

April	अप्रलि
August	अगस्ट
Calendar	पात्रो
February	फेब्रुअरी
Friday	शुक्रबार
January	जनवरी
July	जुलाई
March	मार्च
Monday	सोमबार
Month	महनिा
November	नोभेम्बर
October	अक्टोबर
Saturday	शनबिार
September	सेप्टेम्बर
Sunday	आइतबार
Thursday	बहिीबार
Tuesday	मंगलबार
Wednesday	बुधबार
Week	हप्ता
Year	वर्ष

Diplomacy
कूटनीति

Adviser	सल्लाहकार
Ambassador	राजदूत
Civic	नागरकि
Community	समुदाय
Cooperation	सहयोग
Diplomatic	कूटनीतकि
Discussion	छलफल
Embassy	दूतावास
Ethics	नैतकिता
Government	सरकार
Humanitarian	मानवीय
Integrity	नष्ठिा
Justice	न्याय
Languages	भाषाहरू
Politics	राजनीति
Resolution	संकल्प
Security	सुरक्षा
Solution	समाधान
Treaty	सन्धि

Driving
ड्राइभङि

Accident	दुर्घटना
Brakes	ब्रेक
Car	कार
Danger	खतरा
Driver	चालक
Fuel	इन्धन
Garage	ग्यारेज
Gas	ग्याँस
License	लाइसेन्स
Map	नक्सा
Motor	मोटर
Motorcycle	मोटरसाइकल
Pedestrian	पैदल यात्री
Police	प्रहरी
Safety	सुरक्षा
Speed	गति
Street	सडक
Traffic	ट्राफकि
Truck	ट्रक
Tunnel	सुरुङ

Electricity
बजिुली

Battery	ब्याट्री
Cable	केबल
Electrician	वद्यिुत्
Lamp	दीपक
Laser	लेजर
Magnet	चुम्बक
Negative	नकारात्मक
Network	नेटवर्क
Objects	वस्तुहरू
Positive	सकारात्मक
Quantity	मात्रा
Socket	सकेट
Storage	भण्डारण
Telephone	टेलफिोन
Television	टेलभिजिन

Energy
ऊर्जा

Battery	ब्याट्री
Carbon	कार्बन
Diesel	डजिल
Electron	इलेक्ट्रोन
Engine	इन्जनि
Entropy	इन्ट्रोपीबाइट
Environment	वातावरण
Fuel	इन्धन
Gasoline	पेट्रोल
Heat	गर्मी
Hydrogen	हाइड्रोजन
Industry	उद्योग
Motor	मोटर
Nuclear	आणवकि
Photon	फोटोन
Pollution	प्रदूषण
Sun	सूर्य
Thermal	थर्मल
Turbine	कल
Wind	पवन

Engineering
ईन्जनियिरङि

Angle	कोण
Axis	अक्ष
Calculation	गणना
Construction	नर्मिाण
Depth	गहराई
Diagram	रेखाचत्रि
Diameter	व्यास
Diesel	डजिल
Distribution	वतिरण
Energy	ऊर्जा
Engine	इन्जनि
Gears	गेयर
Levers	लीभरहरू
Liquid	तरल
Measurement	मापन
Motor	मोटर
Propulsion	प्रोपल्सन
Stability	स्थरिता
Strength	शक्ति
Structure	संरचना

Ethics
नैतकिता

Altruism	नरिक्षरता
Cooperation	सहयोग
Dignity	गरमिा
Diplomatic	कूटनीतकि
Honesty	इमानदारी
Humanity	मानवता
Individualism	व्यक्तिवाद
Integrity	नषि्ठा
Kindness	दया
Optimism	आशावाद
Patience	धैर्य
Philosophy	दर्शन
Rationality	तर्क
Realism	यथार्थवाद
Reasonable	उचति
Tolerance	सहषि्णुता
Wisdom	बुद्धि

Family
परविार

Ancestor	पूर्वज
Aunt	काकी
Brother	भाइ
Child	बच्चा
Childhood	बाल्यकाल
Daughter	छोरी
Father	बुबा
Grandchild	नातनिी
Grandfather	हजुरबुबा
Grandmother	हजुरआमा
Grandson	नाति
Husband	पति
Mother	आमा
Nephew	भतजिा
Niece	भतजिी
Paternal	पतिृ
Sister	बहनिी
Uncle	अंकल
Wife	पत्नी

Farm #1
फार्म नम्बर १

Agriculture	कृषि
Bee	मौरी
Bison	भैंसहिरु
Calf	बाछो
Cat	बरिालो
Chicken	चकिन
Cow	गाई
Crow	काग
Dog	कुकुर
Donkey	गधा
Fence	बार
Fertilizer	मल
Field	फाँट
Goat	बाख्रा
Hay	घास
Honey	मह
Horse	घोडा
Rice	चामल
Seeds	बीउ
Water	पानी

Farm #2
फार्म नम्बर २

Barley	जौ
Barn	बार्न
Corn	मकै
Duck	हाँस
Farmer	कसिान
Food	खाना
Fruit	फल
Irrigation	सचिँाइ
Lamb	पाठो
Llama	लामा
Meadow	मैदान
Milk	दूध
Orchard	बाग
Sheep	भेडा
Tractor	ट्र्याक्टर
Vegetable	सागसब्जी
Wheat	गहुँ

Fishing
माछा मार्ने

Bait	प्रलोभन
Basket	टोकरी
Beach	समुद्र तट
Boat	डुङ्गा
Cook	कुक
Exaggeration	अतशियोक्ति
Fins	पंख
Gills	गल्सि
Hook	हुक
Jaw	चबिुक
Lake	ताल
Ocean	सागर
Patience	धैर्य
River	नदी
Water	पानी
Weight	वजन
Wire	तार

Flowers
फूलहरू

Bouquet	गुच्छा
Clover	क्लोभर
Daisy	डेजी
Dandelion	डन्डेलयिन
Gardenia	गार्डेनयिा
Hibiscus	हबिस्किस
Jasmine	जस्मनि
Lavender	ल्याभेन्डर
Lilac	बकाइन
Lily	ललिी
Magnolia	मैगनोलयिा
Orchid	अर्कडि
Petal	फूलको दल
Plumeria	प्लुमेरयिा
Poppy	पोप
Sunflower	सूर्यमुखी

Food #1

खाना नम्बर १

Apricot	खूबानी
Barley	जौ
Basil	तुलसी
Carrot	गाजर
Cinnamon	दालचीनी
Garlic	लसुन
Juice	जुस
Lemon	लेमन
Milk	दूध
Onion	प्याज
Peanut	बदाम
Pear	नासपाती
Salad	सलाद
Salt	नुन
Soup	सूप
Spinach	पालुङ्गो
Strawberry	स्ट्रबेरी
Sugar	चनिी
Tuna	टुना
Turnip	सलगम

Food #2

खाना नम्बर २

Apple	स्याऊ
Artichoke	आर्टचिोक
Banana	केरा
Bread	रोटी
Broccoli	ब्रोकोली
Celery	सेलरी
Cheese	चजि
Cherry	चेरी
Chicken	चकिन
Chocolate	चकलेट
Egg	अण्डा
Eggplant	बैंगन
Fish	माछा
Grape	खुला
Ham	हाम
Mushroom	च्याउ
Rice	चामल
Tomato	टमाटर
Wheat	गहुँ
Yogurt	दही

Force and Gravity

बल र गुरुत्वाकर्षण

Axis	अक्ष
Center	केन्द्र
Discovery	खोज
Distance	दूरी
Dynamic	गतशिील
Expansion	वस्तिार
Friction	घर्षण
Impact	प्रभाव
Magnetism	चुम्बकत्व
Mechanics	संयन्त्र
Orbit	कक्ष
Physics	भौतकिशास्त्र
Pressure	दबाब
Properties	गुण
Speed	गतिं
Time	समय
Weight	वजन

Fruit

फल

Apple	स्याऊ
Apricot	खूबानी
Avocado	एभोकाडो
Banana	केरा
Berry	बेरी
Blackberry	ब्ल्याकबेरी
Cherry	चेरी
Coconut	नरविल
Fig	अंजीर
Grape	खुला
Guava	अम्बा
Lemon	लेमन
Lychee	लचिी
Mango	आम
Melon	खरबुजा
Orange	सुन्तला
Papaya	मेवा
Pear	नासपाती
Pineapple	अनानस
Raspberry	रास्पबेरी

Garden

बगैचा

Bench	बेन्च
Bush	बुश
Fence	बार
Flower	फूल
Garage	ग्यारेज
Garden	बगैचा
Grass	घाँस
Hammock	भकोलुङ्गो
Hose	नली
Lawn	लन
Pond	पोन्ड
Rake	रेक
Shovel	बेलचा
Soil	माटो
Terrace	छत
Trampoline	ट्रमापोलनि
Tree	रूख
Vine	बोट
Weeds	सामा

Geography

भूगोल

Atlas	एटलस
City	शहर
Continent	महाद्वीप
Country	देश
Globe	ग्लोब
Hemisphere	गोलार्द्ध
Island	आइल्याण्ड
Latitude	अक्षांश
Map	नक्सा
Meridian	मेरडियिन
Mountain	पहाड
North	उत्तर
Ocean	सागर
Region	क्षेत्र
River	नदी
Sea	समुद्र
South	दक्षणि
Territory	इलाका
West	पश्चमि
World	वशि्व

Geology
भूवज्ञिान

Acid	एसडि
Calcium	क्यालसयिम
Cavern	गुफा
Continent	महाद्वीप
Coral	कोरल
Crystals	क्रस्टिल
Earthquake	भूकम्प
Fossil	जीवाश्म
Geyser	तातो
Lava	लाभा
Layer	तह
Minerals	खनजि
Molten	पग्लेको
Plateau	पठार
Quartz	क्वार्ट्ज
Salt	नुन
Stone	स्टोन
Volcano	ज्वालामुखी
Zone	क्षेत्र

Geometry
ज्यामति

Angle	कोण
Calculation	गणना
Curve	वक्र
Diameter	व्यास
Dimension	आयाम
Equation	समीकरण
Height	उचाइ
Horizontal	तेर्सो
Logic	तर्क
Mass	मास
Median	औसत
Parallel	समानान्तर
Proportion	अनुपात
Segment	खण्ड
Square	वर्ग
Surface	सतह
Symmetry	सममति
Theory	सद्धिान्त
Triangle	त्रभिुज
Vertical	ठाडो

Government
सरकार

Citizenship	नागरकिता
Civil	सभिलि
Constitution	संवधिान
Democracy	लोकतन्त्र
Discussion	छलफल
District	जल्लिा
Equality	समानता
Judicial	न्यायकि
Justice	न्याय
Law	कानुन
Leader	नेता
Liberty	स्वतन्त्रता
Monument	स्मारक
Nation	राष्ट्र
National	राष्ट्रयि
Peaceful	शान्तपूर्ण
Politics	राजनीत
Speech	भाषण
State	राज्य
Symbol	प्रतीक

Health and Wellness #1
स्वास्थ्य र कल्याण #1

Active	सक्रयि
Bacteria	ब्याक्टेरयिा
Bones	हड्डीहरू
Clinic	क्लनिकि
Doctor	डाक्टर
Fracture	फ्र्याक्चर
Habit	बानी
Height	उचाइ
Hormones	हर्मोन
Hunger	भोक
Injury	चोट
Medicine	औषधी
Muscles	मांसपेशीहरू
Pharmacy	फार्मेसी
Reflex	रफ्लिेक्स
Relaxation	वश्रिाम
Skin	छाला
Therapy	थेरापी
Treatment	उपचार
Virus	भाइरस

Health and Wellness #2
स्वास्थ्य र कल्याण #2

Allergy	एलर्जी
Anatomy	एनाटॉमी
Appetite	भोक
Blood	रगत
Calorie	क्यालोरी
Dehydration	नर्जिलीकरण
Diet	आहार
Disease	रोग
Energy	ऊर्जा
Genetics	जेनेटक्सि
Healthy	स्वस्थ
Hospital	अस्पताल
Hygiene	सरसफाइ
Infection	संक्रमण
Massage	मसाज
Nutrition	पोषण
Recovery	पुन
Stress	तनाव
Vitamin	भटिामनि
Weight	वजन

Herbalism
हर्बलज्मि

Aromatic	सुगन्धति
Basil	तुलसी
Beneficial	लाभदायक
Culinary	पाक
Fennel	सौंफ
Flavor	स्वाद
Flower	फूल
Garden	बगैंचा
Garlic	लसुन
Green	हरयिो
Lavender	ल्याभेन्डर
Marjoram	कुठरा
Mint	पुदनिा
Oregano	ओरेगानो
Parsley	साग
Plant	प्लान्ट
Quality	गुणस्तर
Rosemary	रोजमेरी
Saffron	केसर
Tarragon	तारागन

Hiking
पैदल यात्रा

Boots	जूता
Climate	क्लाइमेट
Heavy	भारी
Map	नक्सा
Mountain	पहाड
Nature	प्रकृति
Orientation	अभमिुखीकरण
Parks	पार्क
Preparation	तयारी
Stones	ढुङ्गाहरू
Summit	शखिर
Sun	सूर्य
Tired	थकति
Water	पानी
Wild	जंगली

House
घर

Attic	अटारी
Broom	कुचो
Chimney	चम्निी
Curtains	पर्दा
Door	ढोका
Fence	बार
Floor	तल्ला
Furniture	फर्नचिर
Garage	ग्यारेज
Garden	बगैचा
Keys	कुञ्जीहरू
Kitchen	भान्सा
Lamp	दीपक
Library	पुस्तकालय
Mirror	मरिर
Roof	छत
Room	कोठा
Shower	स्नान
Wall	पर्खाल
Window	सञ्झ्याल

Human Body
मानव शरीर

Ankle	घुँडा
Blood	रगत
Bones	हड्डीहरू
Brain	मस्तष्कि
Chin	चनि
Ear	कान
Elbow	एल्बो
Face	अनुहार
Finger	औंला
Hand	हात
Head	हेड
Jaw	चबुिक
Knee	गोडा
Leg	लेग
Lips	ओठ
Mouth	मुख
Neck	घाँटी
Nose	नाक
Shoulder	काँध
Skin	छाला

Jazz
ज्याज

Album	एल्बम
Artist	कलाकार
Composer	संगीतकार
Composition	रचना
Concert	कन्सर्ट
Drums	ड्रम
Emphasis	जोड
Famous	प्रसद्धि
Favorites	मनपर्ने
Improvisation	सुधार
Music	संगीत
New	नयाँ
Old	पुरानो
Orchestra	आर्केस्ट्रा
Rhythm	ताल
Song	गीत
Style	शैली
Talent	प्रतभिा
Technique	प्रवधिी

Kitchen
भान्सा

Apron	एप्रन
Bowl	बाउल
Chopsticks	चपस्टकि
Cups	कप
Food	खाना
Forks	फोर्क्स
Freezer	फ्रीजर
Grill	ग्रलि
Jug	सुराही
Knives	चक्कु
Napkin	न्यापकनि
Oven	ओभन
Recipe	रेसपिी
Refrigerator	फ्रजि
Spices	मसला
Sponge	स्पन्ज
Spoons	चम्मच

Landscapes
परदृिश्यहरू

Beach	समुद्र तट
Cave	गुफा
Desert	मरुभूमि
Geyser	तातो
Glacier	ग्लेशयिर
Hill	हलि
Iceberg	हमिशैल
Island	आइल्याण्ड
Lake	ताल
Mountain	पहाड
Oasis	ओएससि
Ocean	सागर
Peninsula	पेननिसुला
River	नदी
Sea	समुद्र
Swamp	दलदल
Tundra	टुन्ड्रा
Valley	भ्याली
Volcano	ज्वालामुखी
Waterfall	झरना

Literature
साहत्िय

Analogy	एनालोजी
Analysis	वश्लिेषण
Anecdote	उपाख्यान
Author	लेखक
Biography	जीवनी
Comparison	तुलना
Conclusion	नष्किर्ष
Description	ववि‍रण
Dialogue	संवाद
Fiction	कल्पना
Metaphor	रूपक
Narrator	बयान
Novel	उपन्यास
Poem	कवति‍ा
Poetic	कवतिात्मक
Rhyme	रा. मे.
Rhythm	ताल
Style	शैली
Theme	वषियवस्तु
Tragedy	त्रासदी

Mammals
स्तनधारी

Bear	भालु
Beaver	बीभर
Bull	बुल
Cat	बरिालो
Coyote	कोयोट
Dog	कुकुर
Dolphin	डल्फनि
Elephant	हाती
Fox	फक्स
Giraffe	जरिाफ
Gorilla	गोरल्लिा
Horse	घोडा
Kangaroo	कङ्गारु
Lion	सहि
Monkey	बाँदर
Rabbit	खरगोश
Sheep	भेडा
Whale	ह्वेल
Wolf	ब्वाँसो
Zebra	जेब्रा

Math
गणति

Arithmetic	अंकगणति
Decimal	दशमलव
Degrees	डग्रिी
Diameter	व्यास
Equation	समीकरण
Exponent	प्रकाशक
Fraction	अंश
Geometry	ज्यामति
Parallel	समानान्तर
Perimeter	परधिि
Polygon	बहुभुज
Rectangle	आयत
Sphere	गोला
Square	वर्ग
Symmetry	सममति
Triangle	त्रभिुज
Volume	भोल्युम

Measurements
मापन

Byte	बाइट
Centimeter	सेन्टमिटिर
Decimal	दशमलव
Degree	डग्रिी
Depth	गहरिाई
Gram	ग्राम
Height	उचाइ
Inch	इन्च
Kilogram	कलिोग्राम
Kilometer	कलिोमटिर
Length	लम्बाइ
Liter	लटिर
Mass	मास
Meter	मटिर
Minute	मनिट
Ounce	औंस
Ton	टन
Volume	भोल्युम
Weight	वजन
Width	चौडाई

Meditation
ध्यान

Acceptance	स्वीकृत
Awake	जागा
Calm	शान्त
Clarity	स्पष्टता
Emotions	भावनाहरू
Gratitude	कृतज्ञता
Kindness	दया
Mental	मानसकि
Mind	मन
Movement	आन्दोलन
Music	संगीत
Nature	प्रकृत
Peace	शान्त
Silence	मौन
Thoughts	वचिार

Money
पैसा

Bank	बैंक
Budget	बजेट
Cheap	सस्तो
Credit	क्रेडटि
Currency	मुद्रा
Debt	ऋण
Discount	छुट
Economics	अर्थशास्त्र
Economy	मन्तबय
Expense	खर्च
Finance	वत्ति
Funds	कोष
Income	आय
Sales	बक्रिी
Taxes	कर
Wallet	वालेट

Music
संगीत

Album	एल्बम
Ballad	बलाड
Chorus	कोरस
Classical	शास्त्रीय
Harmonic	हर्मोनकि
Harmony	सद्भाव
Lyrical	लरिकिल
Melody	गीतमा
Microphone	माइक्रोफोन
Musical	संगीत
Musician	सङ्गीतकार
Opera	ओपेरा
Poetic	कवतिात्मक
Recording	रेकर्डङि
Rhythm	ताल
Rhythmic	लयबद्ध
Singer	गायक
Tempo	टेम्पो
Vocal	स्वर:

Musical Instruments
संगीत वाद्ययंत्र

Banjo	बान्जो
Bassoon	बासुन
Cello	सेलो
Clarinet	सहनाई
Drum	ड्रम
Flute	बाँसुरी
Gong	गोङ्ग
Guitar	गटिार
Harp	वीणा
Mandolin	मन्डोलनि
Marimba	मारम्बिा
Oboe	ओबोइ
Percussion	टक्कर
Piano	पयिानो
Saxophone	स्याक्सफोन
Tambourine	टम्बोरनि
Trombone	ट्रमबोन
Trumpet	तुरही
Violin	वायलनि

Mythology
पौराणकि कथा

Archetype	आर्केटाइप
Behavior	व्यवहार
Culture	संस्कृत ि
Heaven	स्वर्ग
Hero	नायक
Immortality	अमरता
Jealousy	डाह
Labyrinth	भूलभुलैया
Monster	राक्षस
Mortal	मरणशील
Revenge	बदला
Strength	शक्त ि
Thunder	थन्डर
Triumphant	वजियी
Warrior	योद्धा

Numbers
नम्बरहरू

Decimal	दशमलव
Eight	आठ
Eighteen	अठार
Fifteen	पन्ध्र
Five	पाँच
Four	चार
Fourteen	चौध
Nine	नौ
Nineteen	उन्नाइस
One	एक
Seven	सात
Seventeen	सत्र
Six	छ
Sixteen	सोह्र
Ten	दस
Thirteen	तेह्र
Three	तीन
Twelve	बाह्र
Twenty	बीस
Two	दुई

Nutrition
पोषण

Appetite	भोक
Balanced	सन्तुलति
Bitter	तीतो
Calories	क्यालोरी
Diet	आहार
Digestion	पाचन
Fermentation	कण्वािन
Flavor	स्वाद
Health	स्वास्थ्य
Healthy	स्वस्थ
Nutrient	पोषक तत्व
Proteins	प्रोटनि
Quality	गुणस्तर
Sauce	सस
Spices	मसला
Toxin	टक्सनि
Vitamin	भटिामनि
Weight	वजन

Ocean
महासागर

Boat	डुङ्गा
Coral	कोरल
Crab	गंगटा
Dolphin	डल्फनि
Eel	ई ई एल
Fish	माछा
Jellyfish	जेलीफसि
Octopus	अक्टोपस
Oyster	सपिी
Salt	नुन
Shark	शार्क
Shrimp	झींगा
Sponge	स्पन्ज
Storm	आँधी
Tides	ज्वार
Tuna	टुना
Turtle	कछुवा
Whale	ह्वेल

Pets
घरपालुवा जनावर

Cat	बिरालो
Collar	कलर
Cow	गाई
Dog	कुकुर
Fish	माछा
Food	खाना
Goat	बाख्रा
Hamster	ए.सी.सी.
Lizard	छेपारो
Mouse	माउस
Parrot	सुगा
Rabbit	खरगोश
Tail	टेल
Turtle	कछुवा
Veterinarian	पशुचकित्सिक
Water	पानी

Philanthropy
परोपकारी कार्य

Challenges	चुनौतीहरू
Community	समुदाय
Contacts	सम्पर्कहरू
Finance	वित्त
Funds	कोष
Generosity	उदारता
Goals	लक्ष्य
Groups	समूह
History	इतहिास
Honesty	इमानदारी
Humanity	मानवता
Mission	मशिन
Need	आवश्यक
People	मानसिहरू
Programs	कार्यक्रम
Public	सार्वजनकि
Youth	युवा

Photography
फोटोग्राफी

Black	कालो
Camera	क्यामेरा
Color	रङ
Composition	रचना
Darkness	अन्धकार
Definition	परभिाषा
Exhibition	प्रदर्शनी
Format	ढाँचा
Frame	फ्रेम
Object	वस्तु
Portrait	चत्रि
Shadows	छायाँ
Subject	वषिय
Texture	बनावट
Visual	दृश्य

Physics
भौतकिशास्त्र

Acceleration	गत
Atom	एटम
Chaos	अराजकता
Chemical	रासायनकि
Density	घनत्व
Electron	इलेक्ट्रोन
Engine	इन्जनि
Expansion	वस्तिार
Experiment	प्रयोग
Formula	सूत्र
Frequency	आवृत्त
Gas	ग्याँस
Magnetism	चुम्बकत्व
Mass	मास
Mechanics	संयन्त्र
Molecule	अणु
Nuclear	आणवकि
Particle	कण
Relativity	सापेक्षता
Velocity	वेग

Plants
बरुवाहरू

Bamboo	बाँस
Bean	बीन
Berry	बेरी
Bush	बुश
Cactus	सउिडी
Fertilizer	मल
Flora	फ्लोरा
Flower	फूल
Foliage	पात
Forest	वन
Garden	बगैचा
Grass	घाँस
Ivy	आइवी
Moss	काई
Petal	फूलको दल
Root	मूल
Stem	स्टेम
Sun	सूर्य
Tree	रूख
Vegetation	वनस्पत

Politics
राजनीत

Activist	कार्यकता
Campaign	अभयिान
Candidate	उम्मेदवार
Committee	समति
Equality	समानता
Ethics	नैतकिता
Freedom	स्वतन्त्रता
Government	सरकार
National	राष्ट्रयि
Opinion	राय
Policy	नीत
Popularity	लोकप्रयिता
Strategy	रणनीत
Taxes	कर
Victory	वजिय

Professions #1
व्यवसाय #1

Ambassador	राजदूत
Astronomer	खगोलवदि्
Attorney	अधविक्ता
Banker	बैंकर
Cartographer	कार्टोग्राफर
Coach	कोच
Dancer	डान्सर
Doctor	डाक्टर
Editor	सम्पादक
Geologist	भूगर्भवदि्
Hunter	शकिारी
Jeweler	जौहरी
Musician	सङ्गीतकार
Nurse	नर्स
Pianist	पयिानोवादक
Plumber	प्लम्बर
Psychologist	मनोवैज्ञानकि
Sailor	नावकि
Tailor	टेलर
Veterinarian	पशुचकित्सिक

Professions #2
व्यवसाय #2

Astronaut	एस्ट्रोनट
Biologist	जीववज्ञिानी
Dentist	दन्त चकित्सिक
Detective	डटिक्टभि
Engineer	इन्जनियिर
Farmer	कसिान
Gardener	माली
Inventor	आवष्किारक
Investigator	अन्वेषक
Journalist	पत्रकार
Librarian	लाइब्रेरयिन
Linguist	भाषावदि्
Painter	चत्रिकार
Philosopher	दार्शनकि
Photographer	फोटोग्राफर
Physician	चकित्सिक
Publisher	प्रकाशक
Surgeon	सर्जन
Teacher	शक्षिक
Zoologist	जओिलोजस्टि

Psychology
मनोवज्ञिान

Behavior	व्यवहार
Childhood	बाल्यकाल
Clinical	क्लनिकिल
Dreams	सपनाहरू
Ego	अहंकार
Emotions	भावनाहरू
Ideas	वचिार
Perception	धारणा
Personality	व्यक्तत्वि
Problem	समस्या
Reality	वास्तवकिता
Sensation	अनुभूत
Subconscious	अवचेतन
Therapy	थेरापी
Unconscious	अचेत

Rainforest
वर्षावन

Amphibians	उभयचर
Botanical	वनस्पत
Climate	क्लाइमेट
Clouds	बादल
Community	समुदाय
Diversity	ववधिता
Insects	कीरा
Moss	काई
Nature	प्रकृत
Preservation	संरक्षण
Refuge	शरण
Restoration	पुनर्स्थापना
Species	प्रजात
Survival	अस्तत्वि
Valuable	अमूल्य

Restaurant #1
भोजनालय नम्बर १

Allergy	एलर्जी
Bowl	बाउल
Bread	रोटी
Chicken	चकिन
Coffee	कफी
Dessert	मठिाई
Food	खाना
Kitchen	भान्सा
Knife	चाकू
Meat	मासु
Menu	मेनु
Napkin	न्यापकनि
Plate	प्लेट
Sauce	सस
Spicy	मसलादार
Waitress	वेट्रेस

Science
वज्ञिान

Atom	एटम
Chemical	रासायनकि
Climate	क्लाइमेट
Data	डाटा
Evolution	वकिास
Experiment	प्रयोग
Fact	वास्तवमा
Fossil	जीवाश्म
Gravity	गुरुत्व
Hypothesis	परकिल्पना
Laboratory	प्रयोगशाला
Method	वधि
Minerals	खनजि
Molecules	अणु
Nature	प्रकृत
Particles	कण
Physics	भौतकिशास्त्र
Plants	बरिुवाहरू
Scientist	वैज्ञानकि

Science Fiction
वज्ञिान कल्पना

Books	पुस्तकहरू
Chemicals	रसायन
Cinema	सनिमा
Dystopia	डस्टिोपयिा
Explosion	वस्फिोट
Extreme	चरम
Fantastic	शानदार
Fire	आगो
Futuristic	भवष्यिवादी
Galaxy	ग्यालेक्सी
Illusion	भ्रम
Imaginary	काल्पनकि
Mysterious	रहस्यमय
Oracle	बजेट
Planet	ग्रह
Robots	रोबोट
Technology	प्रवधिि
Utopia	स्वप्नलोक
World	वश्वि

Scientific Disciplines
वैज्ञानकि अनुशासनहरू

Anatomy	एनाटॉमी
Archaeology	पुरातत्व
Astronomy	खगोल वज्ञिान
Biology	जीववज्ञिान
Chemistry	रसायनशास्त्र
Ecology	पारस्थितिकिी
Geology	भूवज्ञिान
Immunology	इम्युनोलोजी
Linguistics	भाषा
Mechanics	संयन्त्र
Meteorology	मौसम वज्ञिान
Mineralogy	खनजि वज्ञिान
Neurology	न्यूरोलोजी
Nutrition	पोषण
Physics	भौतकिशास्त्र
Physiology	फजियिोलोजी
Psychology	मनोवज्ञिान
Robotics	रोबोटक्सि
Sociology	समाजशास्त्र
Zoology	जीववज्ञिानको

Shapes
आकारहरू

Arc	चाप
Cone	कोन
Corner	कुना
Cube	घन
Curve	वक्र
Cylinder	सलिन्डिर
Ellipse	दीर्घवृत्त
Hyperbola	हाइपरबोला
Line	लाइन
Oval	ओभल
Polygon	बहुभुज
Prism	समपार्श्व
Pyramid	परिामडि
Rectangle	आयत
Sphere	गोला
Square	वर्ग
Triangle	त्रभिुज

Spices
मसला

Bitter	तीतो
Cardamom	अलैंची
Cinnamon	दालचीनी
Coriander	धनयिा
Cumin	जीरा
Curry	करी
Fennel	सौंफ
Flavor	स्वाद
Garlic	लसुन
Ginger	अदुवा
Licorice	लकिोरसि
Nutmeg	जायफल
Onion	प्याज
Saffron	केसर
Salt	नुन
Sweet	मीठो
Vanilla	भ्यानलिा

Sport
खेलकुद

Ability	क्षमता
Athlete	एथलीट
Bones	हड्डीहरू
Coach	कोच
Cycling	साइकल चलाउने
Dancing	नृत्य
Diet	आहार
Goal	लक्ष्य
Health	स्वास्थ्य
Maximize	अधकितम
Metabolic	मेटाबोलकि
Muscles	मांसपेशीहरू
Nutrition	पोषण
Program	कार्यक्रम
Sports	खेल
Strength	शक्त

Technology
प्रवधिि

Blog	ब्लग
Browser	ब्राउजर
Bytes	बाइट
Camera	क्यामेरा
Computer	कम्प्युटर
Cursor	कर्सर
Data	डाटा
Digital	डजिटिल
File	फाइल
Internet	इन्टरनेट
Message	सन्देश
Screen	पर्दा
Security	सुरक्षा
Software	सफ्टवेयर
Statistics	तथ्याङ्क
Virtual	भर्चुअल
Virus	भाइरस

The Media
मडियिा

Attitudes	मनोवृत्ति
Commercial	व्यापारिक
Communication	सञ्चार
Digital	डजिटिल
Edition	संस्करण
Education	शक्षिा
Facts	तथ्य
Individual	व्यक्तिगत
Industry	उद्योग
Intellectual	बौद्धकि
Local	स्थानीय
Network	नेटवर्क
Online	अनलाइन
Opinion	राय
Public	सार्वजनकि
Radio	रेडयिो
Television	टेलभिजिन

Time
समय

Annual	वार्षकि
Before	पहलि
Calendar	पात्रो
Century	शताब्दी
Clock	घडी
Day	दनि
Decade	दशक
Early	प्रारम्भकि
Future	भवष्यि
Hour	घण्टा
Minute	मनिट
Month	महनिा
Morning	बहिान
Night	रात
Now	अहलि
Soon	चाँडै
Today	आज
Week	हप्ता
Year	वर्ष
Yesterday	हजिो

Town
शहर

Airport	वमिानस्थल
Bakery	बेकरी
Bank	बैंक
Cinema	सनिमा
Clinic	क्लनिकि
Florist	फ्लोरस्टि
Gallery	ग्यालरी
Hotel	होटल
Library	पुस्तकालय
Market	बजार
Museum	संग्रहालय
Pharmacy	फार्मेसी
Restaurant	रेस्टुरेन्ट
School	वद्यिालय
Stadium	स्टेडयिम
Store	स्टोर
Supermarket	सुपरमार्केट
Theater	थएिटर
University	वश्वविद्यिालय
Zoo	जुवा

Universe
ब्रह्माण्डकै

Asteroid	क्षुद्रग्रह
Astronomer	खगोलवद्
Astronomy	खगोल वज्ञिान
Atmosphere	एमाले
Cosmic	कस्मकि
Darkness	अन्धकार
Galaxy	ग्यालेक्सी
Hemisphere	गोलार्द्ध
Horizon	क्षतिजि
Latitude	अक्षांश
Longitude	देशान्तर
Moon	चन्द्रमा
Orbit	कक्ष
Sky	आकाश
Solar	सौर
Telescope	टेलस्किोप
Visible	देखनि
Zodiac	राशफिल

Vacation #2
छुट्टी #2

Airport	वमिानस्थल
Beach	समुद्र तट
Destination	गन्तव्य
Foreigner	वदिेशी
Holiday	छुट्टी
Hotel	होटल
Island	आइल्याण्ड
Journey	यात्रा
Leisure	फुर्सद
Map	नक्सा
Passport	पासपोर्ट
Restaurant	रेस्टुरेन्ट
Sea	समुद्र
Taxi	ट्याक्सी
Tent	पाल
Train	ट्रेन
Transportation	यातायात
Visa	भसिा

Vegetables
तरकारी

Artichoke	आर्टचिोक
Broccoli	ब्रोकोली
Carrot	गाजर
Cauliflower	काउली
Celery	सेलरी
Eggplant	बैंगन
Garlic	लसुन
Ginger	अदुवा
Mushroom	च्याउ
Olive	ओलभि
Onion	प्याज
Parsley	साग
Pea	मटर
Potato	आलु
Pumpkin	कद्दू
Radish	मूला
Salad	सलाद
Spinach	पालुङ्गो
Tomato	टमाटर
Turnip	सलगम

Vehicles
सवारी साधन

Ambulance	यम्बुलेन्स
Bicycle	साइकल
Boat	डुङ्गा
Bus	बस
Car	कार
Caravan	कारभान
Engine	इन्जनि
Ferry	फेरी
Helicopter	हेलकिोप्टर
Motor	मोटर
Raft	रापट
Rocket	रकेट
Scooter	स्कुटर
Submarine	पनडुब्बी
Subway	सबवे
Taxi	ट्याक्सी
Tires	टायर
Tractor	ट्र्याक्टर
Train	ट्रेन
Truck	ट्रक

Virtues #1
सद्गुण नम्बर १

Artistic	कलात्मक
Charming	आकर्षक
Clean	सफा
Confident	वश्विस्त
Curious	जज्ञिासु
Decisive	नर्णिायक
Efficient	कुशल
Generous	उदार
Good	राम्रो
Helpful	उपयोगी
Imaginative	कल्पनाशील
Independent	स्वतन्त्र
Passionate	भावुक
Patient	बरिामी
Practical	व्यावहारकि
Reliable	भरपर्दो
Wise	बुद्धिमानी

Water
पानी

Canal	नहर
Evaporation	बाष्पीकरण
Flood	बाढी
Frost	तुसारो
Geyser	तातो
Hurricane	तूफान
Ice	बरफ
Irrigation	सँचािइ
Lake	ताल
Moisture	चस्यिान
Monsoon	मनसुन
Ocean	सागर
Rain	वर्षा
River	नदी
Shower	स्नान
Snow	हउिँ
Steam	बाफ
Waves	लहरहरू

Weather
मौसम

Atmosphere	वातावरण
Breeze	हावा
Calm	शान्त
Climate	जलवायु
Cloud	बादल
Drought	खडेरी
Dry	सुक्खा
Fog	कुहरिो
Hurricane	तूफान
Ice	बरफ
Lightning	चट्याङ
Monsoon	मनसुन
Polar	ध्रुवीय
Rainbow	इन्द्रेणी
Sky	स्काई
Temperature	तापमान
Thunder	थन्डर
Tornado	आँधी
Tropical	ट्रपकिल
Wind	पवन

Congratulations

You made it!

We hope you enjoyed this book as much as we enjoyed making it. We do our best to make high quality games.
These puzzles are designed in a clever way for you to learn actively while having fun!

Did you love them?

A Simple Request

Our books exist thanks your reviews. Could you help us by leaving one now?

Here is a short link which will take you to your order review page:

BestBooksActivity.com/Review50

MONSTER CHALLENGE!

Challenge #1

Ready for Your Bonus Game? We use them all the time but they are not so easy to find. Here are **Synonyms**!

Note 5 words you discovered in each of the Puzzles noted below (#21, #36, #76) and try to find 2 synonyms for each word.

Note 5 Words from *Puzzle 21*

Words	Synonym 1	Synonym 2

Note 5 Words from *Puzzle 36*

Words	Synonym 1	Synonym 2

Note 5 Words from *Puzzle 76*

Words	Synonym 1	Synonym 2

Challenge #2

Now that you are warmed-up, note 5 words you discovered in each Puzzle
noted below (#9, #17, #25) and try to find 2 antonyms for each word.
How many lines can you do in 20 minutes?

Note 5 Words from **Puzzle 9**

Words	Antonym 1	Antonym 2

Note 5 Words from **Puzzle 17**

Words	Antonym 1	Antonym 2

Note 5 Words from **Puzzle 25**

Words	Antonym 1	Antonym 2

Challenge #3

Wonderful, this monster challenge is nothing to you!

Ready for the last one? Choose your 10 favorite words discovered in any of the Puzzles and note them below.

1.	6.
2.	7.
3.	8.
4.	9.
5.	10.

Now, using these words and within a maximum of six sentences, your challenge is to compose a text about a person, animal or place that you love!

Tip: You can use the last blank page of this book as a draft!

Your Writing:

Explore a Unique Store
Set Up **FOR YOU!**

MEGA DEALS

BestActivityBooks.com/**TheStore**

Designed for Entertainment!

Light Up Your Brain With Unique **Gift Ideas**.

Access **Surprising** And **Essential Supplies!**

CHECK OUT OUR MONTHLY SELECTION NOW!

- Expertly Crafted Products -

NOTEBOOK:

SEE YOU SOON!

Linguas Classics Team

BESTACTIVITYBOOKS.COM/FREEGAMES